S. FISCHER

Eine
kurze Geschichte der
Selbstauskunft

Valentin
Groebner

Bin
ich
das?

S. FISCHER

Originalausgabe

Erschienen bei S. FISCHER

© 2021 S. Fischer Verlag GmbH,
Hedderichstr. 114, D-60596 Frankfurt am Main

Satz: Dörlemann Satz, Lemförde
Druck und Bindung: CPI books GmbH, Leck
Printed in Germany
ISBN 978-3-10-397099-9

Inhalt

Wer?

Zeige dich. Gib Auskunft über das, was du schön findest. Erzähl deine Geschichte, deine Herkunft, deine Wünsche. Reden über sich selbst als öffentliche Intimität ist im 21. Jahrhundert nicht nur Merkmal von Teilhabe und Offenheit, sondern gilt als unverzichtbar für privaten und beruflichen Erfolg. Geht das? Um welchen Preis?

Davon handelt dieses Buch. Was geschieht, wenn ich erzähle, woher ich komme? In wen verwandle ich mich, wenn ich von mir als Mitglied einer Gemeinschaft berichte? Oder mehrerer – denn Heimat ist ja offensichtlich nicht nur ein Ort, sondern auch ein kollektiver Zustand. Was geschieht, wenn ich Fotografien von früher zeige oder, noch intimer, die Zeichen auf meiner Haut? Verbinden sie mich mit anderen, oder demonstrieren sie unüberbrückbare Unterschiede und Gegensätze?

Seit der Einführung der Beichte vor acht und der Erfindung des autobiographischen Versuchs vor viereinhalb Jahrhunderten soll Selbstauskunft die Person, die da über sich Auskunft gibt, verbessern. Selbstauskunft ist deswegen anstrengend. Und Selbstauskunft ist Arbeit an der Verwandlung – also potenziell endlos, weil sie immer etwas wiedergutmachen soll an der eigenen Geschichte und an ihren Lücken. Mindestens so sehr wie von der Vergangenheit handelt sie deshalb von der Zukunft, von den eigenen Wünschen. Und sie dreht sich nicht nur um mich, sondern fast noch mehr um jene Personen, Institutionen und Kanäle, von denen ich abhängig bin und für die ich mich deshalb präsentiere. Sie ist ein Spiegelkabinett. Hat es einen Ausgang?

Nahgeschichte

Der eigene Alltag ist eine eher unübersichtliche Zone. In ihm warten Überraschungen und Ungeheuer; er ist Nahgeschichte, ganz persönlich. Ich bin Historiker, und deswegen bin ich in diesem Buch in der Nachfolge der Alltagsgeschichte unterwegs, der Geschichtswerkstätten und der »Microstoria« der 1970er und 1980er Jahre. Die engagierten Kolleginnen und Kollegen von damals wollten die subjektiven Erfahrungen ganz gewöhnlicher Frauen und Männer in der Vergangenheit rekonstruieren. Deren Wirklichkeiten und Wahrnehmungen sahen häufig sehr anders aus als die großen Fortschrittserzählungen der üblichen Politik-, Sozial- und Wirtschaftsgeschichte. Die subjektiven Erfahrungen und Selbstbilder derjenigen, die historische Veränderungen miterlebt hatten, wollten zu den vertrauten Geschichtsbildern nicht passen. Diese Widersprüche lösten engagierte Debatten über die Praxis historischer Forschung aus, die aus ihnen ordentliche polemische Verve und politische Energie bezogen.[1]

Vierzig Jahre später hat sich das Verhältnis zwischen dem subjektiven Erleben und den anonymen großen Strukturen umgedreht. Als bemerkenswert, berichtenswürdig und »authentisch« gilt gerade das Individuelle, Persönliche, emotional

Gefärbte, zumal im Zusammenhang mit kollektiven Vergangenheiten, die als »Reservoir« für das eigene Selbstbild und die eigene »Identität« aufgefasst werden – ein Wort, das in diesem Buch absichtlich nicht verwendet wird.[2] Die Vergangenheit ist im 21. Jahrhundert zum Ich-Material in einem ganz wörtlichen Sinn geworden, zum Rohstoff für smarte Unterhaltungsangebote vom historischen Erlebnisparcours bis zum Wellness-Hotel, von den Werbeagenturen ganz zu schweigen.

So hatten sich das die Aktivistinnen in italienischen Fabriken, in Historiker- und Hausbesetzerkollektiven der 1970er Jahre nicht vorgestellt, als sie die Alltagsgeschichte, die Geschichte von unten und die Microstoria erfanden, die gleichzeitig Konzepte und Kampfrufe waren. Aber Ideen sind gerade dann erfolgreich, wenn sie sich selbständig machen und verwandeln, bis sie kaum mehr wiederzuerkennen sind. Und der Alltag ist der Ort, wo die Ideen konkret werden und sich in Dinge und Handlungen verwandeln – oder eben nicht. Mein eigener Alltag ist das, was ich am genauesten kenne, und gleichzeitig das, was meiner Kontrolle weitgehend entzogen ist. Kann ich bestimmen, welche Plakate ich täglich sehe, in welchen Staus ich stehe, welche behördlichen Bestimmungen meine Einkäufe, Reisen, Konsumgewohnheiten regeln?

Nicht in den ereignisreichen Jahren 2020 und 2021, in denen dieses Buch entstanden ist. Sie standen unter dem Zeichen staatlicher Bekämpfung einer neuen ansteckenden Krankheit. Sie veränderte überall auf der Welt den Alltag dramatisch, in einer Weise, die sich vorher niemand vorstellen konnte – oder mochte, entsprechende Planspiele und Notfallpläne hatte es durchaus gegeben.[3] Nur waren die eben Theorie gewesen. Der Alltag dagegen ist Praxis, eigene Praxis. Und Zumutung.

Dem Praktischen, das man sich nicht ausgesucht hat, ist diese Nahgeschichte gewidmet. Man könnte sie auch eine Geschichte in Zeitlupe nennen: einen Gegenwartsgegenstand in verlangsamter Wiederholung ansehen. In diesem Modus – »noch einmal, aber ganz langsam« – sieht das Alltägliche und vermeintlich Vertraute plötzlich erstaunlich fremd aus. Nahgeschichte mag nach Nacktschnecke klingen. Wie diese ist sie etwas glitschig – und klebrig. Ich hafte an dem, was mich anödet, anheimelnd nah. Aber Nahgeschichte ermöglicht Selbstbefragung. Ich weiß über das banale Alltägliche sehr viel weniger, als es mir selbst vorkommt.

Geschichte als Slogan

Oktober 2020, eine Polizeistreife im Zug hinter Passau an der österreichisch-deutschen Grenze. Zusammen mit den uniformierten Beamten sei ein bewaffneter Polizist in Zivil durch die Waggons gegangen, schreibt die Freundin. Er trug einen schwarzen Kapuzenpullover mit bärtigem, runenverziertem Totenkopf auf dem Rücken und der weißen Aufschrift: »See you in Valhalla«.

Der Staatsdiener, der hier seinen Job macht, will gleichzeitig etwas über sich selbst mitteilen. Der Slogan auf seinem Pullover ist offensichtlich eine Einladung – aber wohin? Das nicht weit entfernte Walhalla im niederbayrischen Oberstauf, ein neoantiker Supertempel zum Andenken an große Germanen, 1842 eröffnet, hat er offensichtlich nicht gemeint, sonst wäre die Schreibweise anders.[4] Was wissen wir über den Ort, der auf Englisch Valhalla heißt?

Okay, Historiker, schlag nach. Valhalla war für die früh-
mittelalterlichen heidnischen nordischen Krieger die große
Belohnung im Jenseits, also Endziel, finales Zuhause. Nur
Männer kamen dort hin. Die Wikinger, weiß die neuere Forschung, waren nicht sehr nett zu ihren Frauen. Archäologische
Analysen ihrer Gräber zeigen, dass 37 Prozent der weiblichen
Kinder bei ihnen unterernährt waren, gegenüber 7 Prozent der
männlichen. In der Mitte des 6. Jahrhunderts erlebte Nordeu-
ropa nach gewaltigen Vulkanausbrüchen mit globalen Folgen
mehrjährige Dauerwinter. Sie ließen gleichzeitig mit dem Zerfall des römischen Imperiums eine extrem gewalttätige Elite
aufsteigen, eine »gangster culture«, wie eine neue Studie sie
nennt.[5] Ihre berühmten Raubzüge unternahmen sie nicht ganz
freiwillig. Groß und blond, wie sie in den Comics und Filmen
erscheinen, waren die wenigsten von ihnen. Die Krieger auf
den Drachenbooten, das haben genetische Analysen von Fund-
material aus ganz Europa gezeigt, waren sehr heterogener Herkunft: Wikinger war keine Abstammung, sondern ein Beruf.[6]
Valhalla als Heimat gewalttätiger unfreiwilliger Junggesellen
und Klimaflüchtlinge, ziemlich arme Schweine, wenn man den
ganzen Ethno-Kitsch weglässt – will man da wirklich hin?

Immunsysteme

Ob Polizist in Bayern oder Professor in der Schweiz, jede und
jeder kommt sich selbst einzigartig und so außergewöhnlich
wie möglich vor. Aber das eigene Wohlbefinden, und noch
viele andere Dinge mehr, wie Arbeitsmöglichkeiten, Bewe-

gungsfreiheit, Selbstbestimmung, sind direkt abhängig von unsichtbaren, machtvollen Kollektivkörpern. Sie sind, wie wir 2020 gelernt haben, als Immunsysteme organisiert.

In Immunsystemen ist man immer Teil eines Kollektivs, unabhängig davon, als wie individuell man sich selbst beschreibt und ob man mitmachen will oder nicht. Dem reiselustigen Mikroorganismus, der im Herbst 2019 zum ersten Mal beschrieben worden war, waren die fein differenzierten Selbstbeschreibungen seiner menschlichen Wirtsorganismen – juristische und politische Unterschiede, religiöse und kulturelle Zugehörigkeiten – völlig egal. Das Virus reproduzierte sich in schiitischen Pilgern und maoistischen Parteikadern, in sächsischen Altenpflegerinnen und im britischen Premierminister. Der neue Mitbewohner machte keinen Unterschied zwischen den Körpern, deren Inhaber sich so verschieden vorgekommen waren.

Die staatlichen Maßnahmen zur Eindämmung der neuen Krankheit ließen all die einzigartigen Individualitäten ebenfalls unwichtig aussehen. Einreise- und Ausgangssperren, die Verpflichtung zu Gesichtsmasken, Quarantäne und zum Daheimbleiben galten für alle, ausnahmslos. Der Wechsel vom selbstverständlichen Reisen zum behördlich untersagten Risikoverhalten war ebenfalls drastisch – wie war das noch mit der selbstbestimmten Mobilität und Individualität als unseren westlichen Werten, auf die wir so stolz waren? Die Digitalisierung war plötzlich nicht mehr selbst gewähltes Werkzeug oder zusätzliche Option, sondern Zwang; die einzig verbliebene Möglichkeit für Musik, Theater und Treffen ohne Maske. Was vorher verlockendes neues Mehr an Kontakt gewesen war, war jetzt seine etwas pixelige Simulation. Vom glitzernden Simulakrum zum einzig noch möglichen Ersatz: Ging ziemlich flott.

August 2020, ein Witz. Ein Immunologe und ein Kardiologe werden in den USA gekidnapped. Erst einmal, sagen die Entführer zu ihnen, müssten sie herausfinden, wer von beiden der Wichtigere sei. Den anderen würden sie erschießen. Also: Wer leiste den größeren Beitrag für die Menschheit? »Ich«, ruft der Herzspezialist, »habe Medikamente entwickelt, die Leben von Millionen Menschen verlängert haben!« Die Kidnapper sind beeindruckt. »Und Sie?«, fragen sie den Immunologen. »Wissen Sie«, sagt der, »das Immunsystem ist extrem kompliziert, und …« »Erschießen Sie mich doch jetzt gleich«, sagt der Kardiologe.[7]

Diesen Witz erzählen offensichtlich Mediziner einander; wenigstens kommen sie in ihm sehr gut weg. Der eine Arzt ist extrem bescheiden, der andere gibt sofort zu, dass sein Kollege wichtiger sei als er. Lob hatten amerikanische Ärzte im Coronajahr 2020/21 offenbar nötig – notfalls eben selbst gespendetes. Die Gesundheitssysteme des wohlhabenden Westens, die kostspieligsten des Planeten, sahen gar nicht gut aus angesichts der ansteckenden Krankheit. Ich-Sagen, erinnert uns der Witz, findet immer vor Publikum statt. Für wen und zu wessen Nutzen erzähle ich von mir?

Wer von Herkunft und Heimat redet, das zeigt der bayrische Polizist mit seinem Wikingerpullover, gibt dabei sehr viel weniger über kollektive Zugehörigkeiten aus der Vergangenheit Auskunft als über sich selbst, jetzt. Aber wer von sich selbst spricht, präsentiert seine eigene individuelle Besonderheit gewöhnlich – ganz wie der Polizist – mit Verweisen auf Altes. Diese Auswahl aus der Vergangenheit, dieses kleine Stück von früher, so die Botschaft, das bin ich. Denn dafür wird die Vergangenheit am häufigsten gebraucht – zur Selbstdarstellung.

Wer sich auf diese Weise mit der Vergangenheit beschäftigt, möchte, dass sie von ihm selbst handelt, ganz persönlich. Das Bild, das in diesem Spiegel erscheint, ist faszinierend: Es verspricht, dass man sich durch eine neu installierte Ich-Geschichte aus der Vergangenheit selbst verändern könnte und irgendwie verbessern, erfundenen nordischen Kriegern ähnlicher werden, wenigstens auf dem Weg nach Valhalla. Gleichzeitig bleibt offen, was die Wikinger eigentlich mit dem enthusiastischen (oder ironischen) Geschichtsbenutzer zu tun haben. Auffallend nordisch sah der bayrische Grenzpolizist jedenfalls nicht aus. Außerdem ist es ein bisschen beunruhigend, wenn ein bewaffneter Beamter auf diese Weise auftritt. Zeigt er tief gefühlte Zugehörigkeit, halb völkisch, halb Gegenkultur, oder nur einen kitschigen Kapuzenpullover aus dem Versandhandel?

Nahgeschichte ist unübersichtlich. Geschichte als Wissenschaft und die Beschäftigung mit dem Alltäglichen und Flüchtigen – real, aber schnell vergänglich – kriegt man nicht sauber getrennt. Aber genau diese Vermischungen interessieren mich, und um sie geht es in diesem Buch. Und um mich, notwendigerweise. Andere Leute als mich finde ich viel interessanter. Aber ohne Ich geht es nicht, denn mit dem schreibe ich. Mein Ich ist Antriebs- und Fehlerquelle in einem. In der Wissenschaft ohnehin, denn die beruht darauf, dass jemand Informationen und Geschichten zur Verfügung stellt, die andere für ihre eigenen Zwecke weiterverwenden können. Damit das funktioniert, muss der Autor etwas über sich sagen: Wo er herkommt, wo er hinwill. Irgendjemand muss den Text ja geschrieben haben, und das ist weder »man« noch »wir« noch »die Forschung«. Also gebe ich besser darüber Auskunft. Worüber rede ich, wenn ich von meiner eigenen Unverwechselbarkeit spreche oder dem, was ich dafür halte, von meinen Gefühlen und Erfahrungen?

Ich-Sagen, darum geht es im ersten Kapitel, ist weder unmittelbar noch besonders persönlich, sondern seit ein paar Jahrhunderten bestimmt von rhetorischen Kunststücken, Zwangssystemen und Projekten radikaler Selbstverbesserung. Ich-Sagen und erst recht Ich-Schreiben kommt gerne locker, spontan und ganz natürlich daher. Aber es ist Aufgabe vor und für Publikum, in ganz bestimmten Kanälen und nach deren Spielregeln – ziemlich strikten Regeln.

Sich zu zeigen und von sich zu erzählen, zeigt das zweite Kapitel, ist also Arbeit. Für wen tue ich das? In welchem Spiegel erscheine ich, wenn ich von meiner Geschichte und meinen eigenen Erinnerungen berichte, und wie souverän bin ich dabei?

Mit meinem Gegenstück im Plural, dem Wir, ist das noch ein bisschen komplizierter. Wir ist keine Gesamtheit, sondern eine Einkaufstasche, in der immer etwas fehlt. Deswegen der große Appetit, den dieses Partizip entwickelt. Appetit auf Festspiele, auf Männerchöre, auf Feinde – denn ohne die weiß man nicht, wo man hingehört – und besonders auf jene besonderen Orte, die auf den Namen Heimat hören. Von den Produktionsbedingungen des Wir, der Heimat und ihrer wechselvollen Geschichte handelt Kapitel drei.

Bei mir daheim sind aber nicht alle gleich, da können wir noch so innig vom Wir und von der Heimat singen. Kapitel vier macht einen Lokaltermin an dem Ort, aus dem ich selbst komme: Willkommen in Wien-Döbling. Packen Sie eine Jause ein, wir gehen auf Klassenfahrt. In welche Richtung geht es nach unten, nach oben und ins Bürgertum?

Kapitel fünf handelt von einer anderen Form der Selbstauskunft – von Bildern. Das Zeitalter der analogen Fotografie ist um die Jahrtausendwende zu Ende gegangen. Damit haben sich Fotos als banale Alltagsgegenstände in Überreste einer unwiderruflich verschwundenen Vergangenheit verwandelt. Sie liegen zu Millionen in Schachteln und verstaubten Alben auf jedermanns Dachboden herum. Was geschieht mit den privaten Massenbildern in der eigenen Erinnerung und in jenen digitalen Kanälen, in die sie neu eingespeist werden?

Sehr viel haltbarer als alte Fotos sind die bunten Zeichen, die man sich unter die Haut stechen lässt. Tätowierungen, überlegt Kapitel sechs, sind Selbstauskunft in einer ganz besonderen Form: »Dieses Zeichen auf meiner Haut«, sagt die Person, die es trägt, »das bin ich.« Und zwar für immer. So demonstrativ diese Zeichen auf rebellische Gegenkultur und exotische Fremde verweisen, aus der Nähe betrachtet erzählen sie eine ganz andere Geschichte. In ihr geht es ums Wünschen, und die meisten dieser Wünsche sind fromm, wohlanständig, ziemlich brav, und handeln von Zugehörigkeit. Und von dem, was man nicht festhalten kann, auch wenn man es sich unauslöschlich auf den Körper schreibt.

Um dieses Wunderland der Wünsche geht es im siebten Kapitel. Wünschen ist nicht immer ganz so freiwillig, wie es auf den ersten Blick aussieht; nicht nur zu Weihnachten, dem Fest der Wünsche und der Liebe, sondern auch bei der großen Bescherung, dem Leben als Paar. Was sagen meine Wünsche über mich? Was geschieht mit ihnen, wenn sie Wirklichkeit werden? Die Selbstauskunft ist dem Wunsch nach Selbstveränderung nirgendwo so eng verbunden wie an jenem magischen Ort, an dem dann alle Wünsche in Erfüllung gehen. Ein Ortstermin im Land der Liebe also, zu Weihnachten und im Rest des Jahres: Kann man es dort auf Dauer aushalten?

Nicht das, was Du nicht weißt, bringt Dich in Schwierigkeiten, hat Mark Twain 1890 geschrieben: Sondern das, worüber Du Dir ganz sicher bist. Nur dass es nicht stimmt.[8] Die Krisen rund um die ansteckende neue Krankheit in den Jahren 2020/21 haben auch die Modi der Selbstauskunft verändert, wenn es um Ängste, Pflichten und Vertrauen geht. Und ums Selbstvertrauen erst recht. Was lässt sich daraus lernen?

1. Ich-Sagen

»It makes you blind | it does you in
it makes you think you're pretty tough«

Stephin Merritt & The Magnetic Fields

Jetzt geht es um mich. Nur um mich. Ich sage Dir alles, liebe
Leserin, lieber Leser, gleich am Anfang. Wer von sich selbst
redet, sagt natürlich die Wahrheit. Und er spricht das Fran-
zösisch von vor 440 Jahren. Michel de Montaigne, »Essais«,
Vorwort, erster Satz. »Dieses Buch, Leser, gibt redlich Rechenschaft. Ich will, dass man mich in meiner einfachen und alltäglichen Lebensweise sehe, ohne Beschönigung und Künstelei,
denn ich stelle mich als der dar, der ich bin. Ich selber, Leser,
bin der Inhalt meines Buchs. Geschrieben zu Montaigne, am
1. März des Jahres 1580.«

Im Sommer 2019 klingt das etwas anders. Ein großer, gut
beleuchteter Tagungsraum: Versammlung aller leitenden Mit-
arbeiter, die Chefs hatten sie einberufen. Der eingeladene Spezialist stieg aufs Podium und griff zum Mikrophon. Er war
der ehemalige Personalchef einer großen Fluglinie, im besten
Alter, sehr blond, und hinter ihm leuchtete ein Schriftzug auf.
»Beyond Leadership«: Das sei die neue Zauberformel für Kom-
munikation, sagte der Blonde, viele große Firmen wendeten

sie an, mit enormem Erfolg für Börsenkurse und Performance. Der Blonde war sehr gut darin, die Spannung steigen zu lassen, wie der Zauberer auf dem Kindergeburtstag. Jetzt! Jeder von uns, sagte er, solle sich seinem Nachbarn zuwenden und ihm sagen, wer wir jetzt gerade sind. Und wie wir uns fühlen, in diesem Moment, zwei Minuten lang. Dann solle der Nachbar uns dafür eine Minute lang Feedback geben – nur Positives, das sei wichtig. Und dann wir ihm, ebenfalls eine Minute. Diese Technik, sagte der blonde Zauberer im engen Anzug, heiße »connect«. Sie sei der Schlüssel zum Erfolg aller großen Firmen, die er berate, Banken, Versicherungen, die Deutsche Bahn, alle.

Sag, wer Du bist. Sag, was Du fühlst. Selbstauskunft ist gut, für alle. Und sie ist nicht nur gut, sondern unverzichtbar. Ganz ehrlich, einfach und natürlich, unverstellt und ohne Künstelei. Aber geht das, über sich selbst Auskunft geben? Und was verbindet einen Philosophen aus dem 16. mit einem Motivationstrainer im 21. Jahrhundert?

Erforsche Dich selbst

Die Geschichte natürlich: Seit dem 4. Laterankonzil von 1215 war jeder gläubige Christ verpflichtet, einmal pro Jahr bei einem Priester die Beichte abzulegen und ihm alle seine Verfehlungen und Sünden zu berichten. Besonders dafür abgetrennte Räume im Inneren der Kirchen wurden erst dreihundert Jahre später üblich. Öffentlich stattfinden sollte das auch später. »Selbstkritik«, schrieb Rosa Luxemburg 1916, »rücksichtslose, grausame, bis auf den Grund der Dinge gehende Selbstkritik ist Lebensluft und Lebenslicht der proletarischen Bewegung«, und ab den 1920er Jahren wurde von jedem Mitglied der kommunistischen Partei erwartet, den Parteigenossen regelmäßig über sich und die eigenen Fehler Auskunft zu geben. »Im Modus der Singularität«, schrieb der deutsche Soziologe Andreas Reckwitz 2016, »wird das eigene Leben nicht einfach gelebt, sondern ausgestellt. Das spätmoderne Subjekt performed sein besonderes Selbst vor den Anderen, die Publikum werden.«[1]

Der Juristenkollege, der bei der Betriebsversammlung neben mir saß und dem blonden Personalchef aufmerksam zugehört hatte, wandte sich mir zu. Er schwieg mich zwei Minuten lang an. Dann lobte ich ihn eine Minute lang dafür. »Sehen Sie«, sagte Blondi von »Beyond Leadership«, als sein Publikum mit den Feedback-Runden fertig war, »ist die Stimmung im Raum jetzt nicht völlig anders?« Wir versammelten Wissenschaftler klatschten alle brav Beifall.

Was hätten wir denn sonst tun sollen? Selbstauskunft ist freiwillige Unfreiwilligkeit. Michel de Montaignes Auskunft über sich selbst von 1580 war ein so erfolgreiches Buch, dass es als »Essais« – wörtlich: Versuche – gleich einer ganzen Literaturgattung den Namen gegeben hat. Montaigne war allerdings nicht der zurückgezogene Philosoph, als der er sich in seinem Buch präsentierte. Um ihn tobte ein blutiger Bürgerkrieg zwischen Katholiken und Protestanten, und er war mittendrin als Vermittler – der Riss zwischen den religiösen Parteien lief quer durch seine eigene Familie.

In seinen Essays ist davon nicht die Rede. Sie heißen »Über das Nichtstun«, »Über die Lüge«, »Über die Einbildungskraft«, aber auch: »Über die Grausamkeit« und »Durch verschiedene Mittel gelangt man zum selben Ziel«. Montaigne interessierte die Verwandlung und die Unkontrollierbarkeit der Dinge. Er wolle, schreibt er, »hier nichts weiter als mich selber entdecken, wie ich bin, und bin morgen vielleicht schon ein anderer«. Und: »Die beste an meinen körperlichen Anlagen ist die Biegsamkeit.«[2]

Während Montaigne schrieb, wurde überall in Europa die Zensur eingeführt. Das *Sanctum Officium*, die katholische Inquisition, begann Jagd zu machen auf wankelmütige Katholiken, auf Protestanten, auf Wiedertäufer und Juden, die nur zum Schein katholische Messen und Beichten besuchten und zu Hause heimlich ihre eigenen, ganz anderen religiösen Riten befolgten. Ihre protestantischen Kollegen, die reformierten Konsistorien, ließen Andersgläubige ebenfalls verfolgen und hinrichten; so im calvinistischen Genf den Arzt Michel Servet, der sich öffentlich für Gewissensfreiheit ausgesprochen hatte. Und als man im protestantischen Basel herausfand, dass ein ketzerischer Wiedertäufer jahrelang unerkannt unter falschem Namen in der Stadt gelebt hatte, ließ man seinen Leichnam ausgraben – er war friedlich im Bett gestorben – und nachträglich verbrennen. Die religiösen Obrigkeiten in der Welt, die Montaigne bewohnte, wollten ganz genau wissen, woran ihre Untertanen glaubten.[3]

Kontrollier Dein Gewissen. Geh zur Beichte. Sag, was Du denkst. Selbstauskunft handelt aber stets von sehr viel mehr als nur von der Person, die da von sich erzählen soll. 1581, ein Jahr nach Erscheinen der »Essais«, begab sich Michel de Montaigne auf eine lange Reise quer durch Europa, in die Schweiz und nach Italien, sein fertiges Buch im Gepäck. In Rom holte er sich vom Papst die offizielle Druckerlaubnis. Die katholische Zensurbehörde prüfte die Essays und gab ihm die Genehmigung, unter der Bedingung allerdings, dass er in der zweiten Auflage zwei lobende Erwähnungen protestantischer Autoren streiche. Montaigne versprach das – und hielt sich nicht daran, sondern fügte in die stark erweiterte zweite und dritte Auflage der Essays noch mehr ketzerische Texte ein.[4] Dem Erfolg des Buchs, das rasch ins Lateinische, Englische und Italienische übersetzt wurde, hat das nicht geschadet. »Ich, Leser, bin selber der Gegenstand meines Buches.« Aber ist es klug, immer die Wahrheit über sich mitzuteilen?

Schreib alles auf, um Dich selbst an Deine eigenen guten Vorsätze zu erinnern, sagten die strengen protestantischen Pastoren des 16. und 17. Jahrhunderts. Führe Tagebuch. Notiere Deine Wünsche, Deine Versuchungen, damit Du an Dir arbeiten kannst; damit Du die Wahrheit sagen kannst und Rechenschaft ablegen über Deine eigenen Verfehlungen. Der gottesfürchtige Engländer Samuel Pepys notierte deswegen Mitte des 17. Jahrhunderts in London zerknirscht, wie oft er ins Theater ging (Sünde), wie viel Geld er dort für Wein und Leckereien ausgab (Sünde), wie der Vorname der Prostituierten lautete, die er dort unzüchtig angefasst hatte (Sünde), wie sie ihn angefasst hatten, wie oft er gekommen war und wie sehr er das hinterher bereute.[5]

Pepys' Tagebuch füllt in den modernen Ausgaben zehn Bände, es ist gut dreitausend Seiten dick. Seine sexuellen Handlungen beschrieb er in einer Mischung aus spanischen, italienischen und lateinischen Worten – Samuel Pepys wollte alles über sich aufschreiben, aber nicht, dass seine Frau es lesen konnte. Ein Jahrhundert später notierte ein neugieriger Göttinger Professor namens Georg Christoph Lichtenberg seinen ehelichen Beischlaf ebenso sorgfältig wie ein Zürcher Pfarrer, Johann Kaspar Lavater, in selbst erfundenen geheimen Abkürzungen. Im 19. Jahrhundert war diese Art Selbstaufzeichnung so verbreitet, dass wir von Victor Hugo, Robert Schumann und Arthur Schnitzler sehr genau wissen, wie oft sie Sex hatten und mit wem.[6]

Schreib alles über Dich auf. Erfahre mehr über Dich selbst, indem Du alles aufschreibst. Werde ein kontrollierter, besserer Mensch, indem Du alles über Dich aufschreibst. Dann, aber nur dann, wirst Du endlich ganz Du sein. Mit deutlicher ironischer Spitze gegen die übliche kulturpessimistische Kritik an der Digitalisierung hat der Soziologe Armin Nassehi bemerkt, Schriftlichkeit und Praktiken der Selbstbeschreibung seien historisch vermutlich die wirksamsten Instrumente von Selbstmanagement. Mit ihrem Versprechen, von Fremd- auf Selbstkontrolle umschalten zu können, sei »schriftgeleitete Bildung das zivilisatorisch vielleicht wirkmächtigste (Selbst-) Optimierungsprogramm überhaupt«.[7]

In wen oder was genau man sich durch solche verschärfte Selbstbeschreibung verwandeln kann, bleibt allerdings unklar. Vermutlich muss das so sein. Jeder trägt eine besondere Ich-Zone mit sich herum: die der eigenen Unfähigkeit. Ich weiß, wo sie ungefähr liegt, aber ich bin ihr gegenüber hilflos. In diese Zone kehre ich immer wieder zurück, gewöhnlich unfreiwillig; in ihr habe ich immer und immer wieder verloren, und deswegen ist sie unaussprechlich. Aber machtvoll: Das, was ich kann und was mir gelingt, ist sorgfältig um diese Zone herum organisiert. Ich kann große Energien mobilisieren, um sie einzuhegen und abzudecken. Aber sie selbst lähmt mich

und macht mich stumm. Diese Zone ist das, was mich zu dem
macht, was ich bin. Will ich den Eingang zu ihr herzeigen?

Gefühlsübertragung

Sommernachmittag im Freibad: Der große kahlköpfige Mann
im Liegestuhl neben mir – Bodybuilding, Sonnenbrille, auf-
wendig gepflegter Bart, sehr tätowiert – liest »Mein Weg zur
Selbstliebe«; unbeweglich, zwei Stunden lang, gebannt.

Berlin, August 1783. Nachdem er einen erfolgreichen autobiographischen Roman verfasst hatte, forderte der Schauspieler, Lehrer, Schriftsteller, Aufklärer Karl Philipp Moritz – denn
das war er alles nacheinander – seine Leserinnen und Leser in
einem öffentlichen Rundschreiben auf, Vorfälle ihres Seelenlebens, wie er es nannte, zu schildern und ihm diese Texte zuzu-
senden, wahrheitsgetreu, unter eigenem Namen oder anonym.
Die Zuschriften publizierte er in seinem »Magazin zur Erfah-
rungsseelenkunde für Gelehrte und Ungelehrte«. Es erschien
zehn Jahre lang, das erste Zentralorgan in Sachen Selbstauskunft: Schreib über Dich selbst, für die anderen da draußen.
Die erste psychologische Zeitschrift Deutschlands, so heißt es
bei Wikipedia, oder der erste Blog oder das erste soziale Medium – denn Leserbriefe und Kommentare druckte es ebenfalls
ab. Das kommerziell sehr viel erfolgreichere moderne Äqui-
valent dazu heißt True Story: Die 1919 gegründete amerikanische Zeitschrift veröffentlichte ausschließlich Berichte ihrer
Leserinnen und Leser über eigene authentische Erlebnisse und
erscheint bis heute.[8]

1920 beschrieb der französische Science-Fiction-Autor Maurice Renard in einer Kurzgeschichte den »Pompon«, einen Apparat, der die Empfindungen eines Menschen auf einen anderen übermitteln kann, ohne auf ein materielles Übertragungsmedium wie Schrift zurückgreifen zu müssen. »Auch die Gefühle«, heißt es darin, »kurzum alle Regungen des Gefühls- und Seelenlebens.«[9] 48 Jahre später, 1968, besitzen in der Science-Fiction-Erzählung von Philipp K. Dick – »Träumen Roboter von elektrischen Schafen?« – der Jäger der menschenähnlichen Roboter, Deckard, und seine Frau ebenfalls einen solchen Gefühlsapparat. Sie können ihn jetzt aber programmieren: Je nach Menüwahl erzeugt und überträgt er bestimmte Empfindungen. In der Verfilmung des Romans von Ridley Scott 1982, *Blade Runner*, ist dieser wunderbare Apparat nicht einfach weggelassen. Vielmehr ist er so groß geworden, dass er für den Betrachter unsichtbar geworden ist, weil er ihn als Kino selbst umgibt.

Karl Philipp Moritz wäre begeistert gewesen. Mittlerweile gibt es den Pompon, Maurice Renards Gerät zur Gefühlsübertragung, überall zu kaufen. Es braucht heute nicht mehr so viel Platz wie ein Kinosaal, sondern ist geschrumpft und handlich, mit einem bunten Bildschirm. Die meisten von uns tragen es ununterbrochen mit sich herum. Auf ihm und mit ihm künden wir im Wesentlichen von uns selbst: So bin ich, jetzt. Das habe ich gerade gesehen, gehört, gefühlt, gegessen, erlebt. Der Aufstieg des Smartphones zur universalen Erweiterung der Person beruht auf seinem Gebrauch als Ich-Kanal, um Texte, Bilder, Videos von anderen zu empfangen und eigene von sich in die Welt hinauszuschicken: Nabelfernsehen.

Werbung für ein Parfum von Guèrlain: »Das Leben ist am

schönsten, wenn man es selber schreibt.« Werbung für das
Interrail-Abonnement: »Write Your Own Story.« Und das tue
ich. Ich vergesse nämlich gar nichts mehr von meinem Ich,
weil ich alles festhalten, aufzeichnen und speichern kann. Als
erster Blog gilt heute die Website des Softwareentwicklers Tim
Berners-Lee 1993. Der Begriff wurde in den späten 1990er Jahren populär; heute verfassen zwischen 250 und 400 Millionen
Menschen eigene Blogs. Sie geben Auskunft über das, was sie
tun, was sie lesen, was sie selbst sind, was sie wichtig finden:
Dasselbe tun die Benutzer des Social-Media-Dienstes Instagram, die ihre privaten Fotos ins Netz stellen, damit andere
sie anschauen können. Derzeitige Benutzer: eine Milliarde
Menschen. 2021 waren es allein in Deutschland 21 Millionen;
etwa die Hälfte davon nutzte Instagram täglich. Noch höher
sind die Zahlen von Facebook, das im April 2021 monatlich von
2,8 Milliarden Menschen benutzt wurde; 1,8 Milliarden davon
jeden Tag.[10]

Mir wird nie wieder langweilig sein, lautet das Versprechen.
Mit dem Smartphone als miniaturisierter persönlicher Emp-
findungsübertragungsmaschine geht ein alter Traum von Me-
dienkonzernen in Erfüllung: der Aus-Knopf ist abgeschafft.
Das hungrige Ding, das mir ununterbrochen die privaten Empfindungen und Erlebnisse meiner Freundinnen und Freunde
meldet, will dafür auch gefüttert werden mit meinen eigenen
Nachrichten, Bildern und Ich-Momenten. Es ist so sehr das
Medium der Selbstauskunft, dass ein erfolgreicher chinesischer Hersteller das zum Markennamen gemacht hat: Sein
Smartphone heißt »Real me«.

USA, 2003. Eine Kunststudentin Mitte 20 fotografiert sich
drei Jahre lang jeden Tag selbst. Daraus macht sie ein Video

und stellt es am 11. August 2006 auf YouTube. Titel: »Me« – Ich selbst. Vier Tage später haben es 800 000 Leute angesehen; eine Woche später eineinhalb Millionen, einen Monat darauf dreimal so viele. Kommentar eines Betrachters auf ihrer Website: »Now do that again with your tits.«[11] Ein nach demselben Strickmuster gebautes deutsches YouTube-Video von 2017 (»Von 12 bis verheiratet – ich machte jeden Tag ein Foto«) wurde bislang 138 Millionen Mal angeklickt. Ich warte jetzt eigentlich darauf, dass die Fortsetzung erscheint: das Ich-Gesicht des jungen Mannes von den Flitterwochen bis zur Scheidung, im Zeitraffer.

Auf meinem Benutzerkonto darf ich endlich ganz Ich sein. Zusammen mit allen meinen Freunden – zu bestimmten Spielregeln und Nutzungsbedingungen natürlich. Ich für mich, in der eigenen Gruppe geborgen, aber mit allen verbunden; nach außen wirksam und ins Unendliche vervielfältigt, aber immer daheim, *home* – dieses Versprechen ist so polymorph, dass es gar nicht entkräftet werden kann. Wenn ich über mich Auskunft gebe, verwandle ich mich in Künstler, Kurator und Kritiker in eigener Sache in einer Person. Ich nehme das Beste von dem, was ich bin und was ich habe, und tue es ins Nabelfernsehen. Die Belohnung dafür ist umfassend: Gefühle von Verstanden-worden-sein. Zugehörigkeit zu allen, die das auch so machen.

Wann ist dieses Versprechen zum ersten Mal formuliert worden? Davos, Schweiz, 1996: Ein bärtiger Mann in Cowboystiefeln tritt am »World Economic Forum« ans Rednerpult. »Ich komme aus dem Cyberspace«, beginnt er, »der neuen Heimat des Geistes.« Die »Unabhängigkeitserklärung des Cyberspace«, die John Perry Barlow dort verkündete, sprach in der

ersten Person Singular zu den »Regierungen der industriali-
sierten Welt, ihr müden Riesen aus Fleisch und Stahl«. Barlow
machte nicht nur Vorhersagen – »ich prophezeie den Sturz der
Materie« –, sondern stellte Forderungen: »Im Namen der Zukunft sage ich Euch Mächten der Vergangenheit: Lasst uns in
Ruhe.« Und er beschwerte sich, im Namen der Siedler an dieser »electronic frontier« – so hieß die von ihm gegründete Stiftung. Neu erlassene gesetzliche Bestimmungen zur Kontrolle
des Netzes beleidigten die Träume der Aufklärer und Gründer-
väter Thomas Jefferson, George Washington und John Stuart
Mill. Aber: »Diese Träume werden jetzt in uns neu geboren.«
Der erste Browser, mit dem man im Web navigieren konnte,
war zu diesem Zeitpunkt drei Jahre alt.[12]

Bezahl mich fürs Fernsehen

Unendlichkeitsmetaphern, haben wir Computerbenutzer seither gelernt, sind nicht dasselbe wie echte Unendlichkeit. In der
würde nämlich die Zeit, die man zum Auswählen aus der Menge
der endlos vielen Informationen braucht, keine Rolle spielen.
Natürlich kann kein menschliches Wesen alle digital verfüg-
baren Daten lesen, filtern und weiterbearbeiten. Das können
nur schnelle Maschinen. Das war allerdings schon ziemlich
lange vor John Perry Barlows Unabhängigkeitserklärung die
Bedingung, unter der Menschen Auskunft über sich selbst geben – spätestens seit den Lochkarten der Hollerith-Maschinen,
erstmals erfolgreich eingesetzt bei der großen amerikanischen
Volkszählung im Jahr 1890.[13]

»We Three«, sang die schwarze amerikanische A-Cappella-Band *The Ink Spots* 1940, »we're not alone: My Shadow, my Echo, and Me ...« Unendlich ist in den digitalen Kanälen vieles, aber nicht die Aufmerksamkeit ihrer Benutzer; die ist ein knappes Gut. Viel Zeit investieren Netzbenutzer nicht als Konsumenten, sondern als Produzenten, wenn es um die eigene Selbstdarstellung geht. Dann aber richtig: ein Sog, der wie alle wirklich mächtigen, unwiderstehlichen Sogwirkungen hinaus in die große Leere führt. Denn die digitalen Kanäle sind unersättlich. Keine Nachricht, kein Bild und kein Lob ist je genug, es muss immer sofort weitergehen.

In einer Gesellschaft, in der das Einkommen an Aufmerksamkeit in den Vordergrund rücke, hat der Philosoph Georg Franck schon 2003 überlegt, stehe der Konsum im Sog der Selbstwertschätzung. Das bedeute, dass Konsumieren zur Arbeit an der Attraktivität der eigenen Person werde.[14] Der Imperativ zur Selbstdarstellung – »Sei Du selbst! Übertrete die Grenzen des Gewöhnlichen und werde zu dem, was Du wirklich bist« – ist damit allgegenwärtig geworden. Ich berichte von mir, um für andere anziehend zu erscheinen. Ich berichte mit meinen Texten, Fotos und Videos von meinem Alltag, meinen Gewohnheiten, von meinen Lieblingsprodukten und meiner ganzen Person. Dafür stellen mir freundliche digitale Dienstleister jede Menge smarte Angebote zur Verfügung, fast immer umsonst, und die nehme ich natürlich gerne an; denn um mich geht es ja, ganz persönlich.

Kalifornien, 1973: »Ich bin besessen und gestört«, sang der Mann mit dem markanten Ziegenbart, »es gibt mich schon lange, aber es ändert sich wenig.« Noch einmal Selbstauskunft in der ersten Person Singular, in Frank Zappas Originaltext

reimte es sich allerdings viel schöner. »I may be vile and perni-
cious, but you can't look away. I make you think I'm delicious,
with the stuff that I say. I am the best you can get. Have you
guessed me yet?« Der Refrain verriet dann die Lösung: »I'm the
slime coming out of your TV set.«[15]

Im Zeitalter des Schleims aus dem Fernseher konnte das
eigene Ich nicht mehr passiv auf dem Sofa liegen und in Ruhe
Ich sein. Der Ökonom Ronald Coase hatte schon acht Jahre vor
Zappa – 1965 – bemerkt, dass im kommerziellen Fernsehen
nicht Sendungen an Zuschauer verkauft würden, sondern die
Zuschauer als Konsumenten des Schleims der Medienanstal-
ten an die werbetreibende Industrie. Das Gute an diesen Zuschauern sei, dass sie nicht für das bezahlt werden müssten,
was sie täten, nämlich fernsehen.[16]

Noch verlockender wird das, wenn ich im Fernsehen über
mich selbst Auskunft geben darf – am besten als Rätsel. Die
Ratesendung »Was bin ich?« startete 1961 nach US-amerika-
nischem Vorbild. Sie wurde die nach der »Tagesschau« langle-
bigste und populärste Sendung des deutschen Fernsehens; sie
erhielt jahrzehntelang bis zu 6000 Bewerbungen pro Monat
aus dem Publikum. In seinem Buch über die Geschichte der
Suchmaschine hat der Computerhistoriker David Gugerli ihr
2009 ein ganzes Kapitel gewidmet.[17]

Denn ich will ja vor allem gefunden werden. Dafür nehme
ich schon ein bisschen Aufwand in Kauf. Die großen Unter-
haltungsunternehmen verkaufen die Aufmerksamkeit ihrer Benutzer an ihre Werbekunden, hatte Ronald Coase geschrieben.
Seit dem Aufstieg von Google und Facebook zu gewaltigen
Monopolbetrieben im ersten Jahrzehnt des 21. Jahrhunderts
haben sehr viele Analysen sein Argument unablässig wieder-

holt.[18] Dieser Deal beruht nicht nur auf der Zeit und Konzentration der Benutzer, sondern auf dem dafür nötigen Apparat, den sie sich auf eigene Kosten angeschafft haben, und ihrer unbezahlten Arbeit als Produzenten und Konsumenten in einer Person – der ersten Person Singular.

»Look like yourself, not like someone else« steht im Schaufenster eines Friseurs in der Schweizer Kleinstadt, in der ich wohne. Ist das wirklich eine erfüllbare Forderung? In den digitalen Kanälen ein halbwegs verlockendes und attraktiv dokumentiertes Ich vorzeigen zu können, heißt deswegen, viele Stunden am Bildschirm zu verbringen – jede Woche, jeden Tag.

Diese Arbeit ist umso wirksamer, je lockerer und unterhaltsamer ihre Resultate daherkommen; sie muss sich selbst unsichtbar machen. In den 1970er und -80er Jahren hat die Intensivierung der Bildschirmarbeit nicht nur bei Gewerkschaften viel Besorgnis ausgelöst. Vierzig Jahre später ist das Tippen und Anklicken im blauen Schein der Leuchtkristalle zur Voraussetzung nicht nur für Information und politische Teilhabe geworden, sondern für die Selbstdarstellung und den Ausdruck der eigenen unverwechselbaren Person.

Mit ein bisschen Stress ist das auch verbunden; denn jemand anderer, den ich kenne, hat noch coolere Fotos, schönere Videos, mehr Likes, mehr Freunde, mehr Follower als ich. Selbstdarstellung – Wer bin ich? Finde mich anziehend! – ist von zwei Ängsten bestimmt. »Keiner sieht mich« heißt die erste Angst. »Alle sehen mich (und machen sich darüber lustig)« die zweite. Die sozialen Plattformen sind dann erfolgreich, wenn sie Schutz vor beidem versprechen, also die Kontrolle über mein eigenes Erscheinungsbild für die anderen. Ich-Sagen, Schreiben, Senden im 21. Jahrhundert ist auch die dampfende Angst davor, mit dem eigenen Ich ganz alleine gelassen zu werden. Ich bin der Schleim, wie bei Frank Zappa, nur diesmal ganz persönlich.

Aber ich bin doch jemand Besonderes, oder? Natürlich. Alle anderen aber auch. Die weit überwiegende Mehrheit von Befragten in psychologischen Studien glaubt, selbstkritischer, athletischer, ehrlicher, gesünder und erotisch attraktiver zu sein als der Durchschnitt. Die meisten sind sich auch sicher, dass ihre eigenen intellektuellen Leistungen besser ausfallen – ganz unabhängig davon, wie gut sie wirklich sind. Auch die 20 Prozent, die in Vergleichstests am schlechtesten abschnitten, waren davon überzeugt.[19] Ein Viertel aller befragten Studenten an amerikanischen High Schools war sich sicher, leistungsmäßig zum besten einen Prozent zu gehören; 94 Prozent aller amerikanischen Universitätsprofessoren waren überzeugt, dass ihre eigene Leistung sehr viel besser sei als der Durchschnitt ihrer Kollegen.[20] Befragungen in Europa erbringen regelmäßig ähnliche Ergebnisse. Wir haben von fast jeder hervorstechenden Eigenschaft mehr als die anderen, wenn wir danach gefragt werden.

Die weit überwiegende Mehrheit der Befragten glaubt auch, selbstloser zu sein als der Durchschnitt. Auf die Frage, ob sie sich für egoistischer halten als andere, antworten sie aber ebenfalls mit ja. Und schließlich sind sie überzeugt, Emotionen intensiver zu erleben als die meisten anderen Leute. Denn unsere eigenen Gedanken und Gefühle kennen wir (jedenfalls glauben wir das); die anderer sind uns nur indirekt zugänglich. Lassen wir diese Anderen deswegen so gerne an unseren kostbaren starken Eindrücken und Empfindungen teilhaben?

2. Auftreten

»Nur wer sich zu schminken weiß,
kann Ich sagen.«

Emanuele Coccia

Sommer 2020, eine E-Mail von meiner Kreditkartenfirma. »Haben Sie Ihr schönstes Foto schon bereit? Sehr geehrter Herr Groebner: Exklusive Aktion, 50 Prozent Rabatt: Ihre Kreditkarte mit Ihrem Lieblingsbild versehen. So haben Sie Ihre schönsten Erinnerungen immer bei sich!« Das ist sehr nett von meiner Kreditkartenfirma. Schon deswegen, weil es mir eine gute Definition liefert für die Ich-Auskunft: Ich bin meine Kreditkarte plus meine Erinnerungen. Aber habe ich meine eigenen Erinnerungen wirklich immer bei mir, mit oder ohne Kreditkarte?

Während ich etwas erlebe, eine Reise durch ein fremdes Land im Winter zum Beispiel, fühlt es sich banal an, und ich habe kalte Füße. Was ich erlebe, ist beim ersten Mal noch sprachlos, wackelig und unklar. Ein kalter glänzender Strand, Nebel am Meer wie feuchter Flaum auf der Haut. Echt und wirklich wird das alles erst, wenn ich es nachher erzähle und Fotos davon zeige. Durch den zeitlichen Abstand wird das Erlebnis von allen Zweideutigkeiten gesäubert, geschliffen und neu aufbereitet. Der Strand und der Nebel am Meer waren gar nicht so eindeutig schön, als sie passierten. Beim zweiten Durchgang aber verwandelt sich meine unsichere Empfindung in eine klare Erinnerung, die ich zur Verfügung habe – oder die sich wenigstens so anfühlt. Und wenn ich sie öfter erzähle, wird sie *meine* Geschichte.

Erinnere Dich

»Wer sich an die Achtzigerjahre erinnern kann, hat sie nicht miterlebt«, hat der österreichische Popsänger Johann Hölzl gesagt, besser bekannt unter seinem Künstlernamen Falco, aber wer war das noch einmal? Erinnerung ist kein Ort im Gehirn, an dem etwas von früher gespeichert wäre. Sie wird in der Gegenwart realisiert, für andere und vor anderen; sonst wäre das, woran man sich erinnert, gar nicht mitteilbar.

Deswegen verblassen Erinnerungen, die ich anderen nicht erzähle, und verschwinden. Häufiger aufgerufene Episoden aus meiner eigenen Vergangenheit dagegen verändern sich genau dadurch, dass ich mich an sie erinnere und sie dabei aufdatiere. Sich an etwas zu erinnern heißt, es durch Benutzung umzuschreiben. Der Speicher im Kopf unterscheidet nicht zwischen Träumen, Filmen, Fotografien und tatsächlich Geschehenem: Alles wird unterschiedslos weiterverarbeitet und ineinandergebaut. Gedächtnis ist ständiges Aufdatieren; und wie jedes Archiv verändert es das Material, das es aufbewahrt. Erinnerung hat einfach nicht sehr viel mit der Vergangenheit zu tun.[1]

Woran wir uns erinnern, schreibt der holländische Gedächtnisforscher Douwe Draaisma, hänge von der Geschichte ab, für die wir diese Erinnerung benötigen. Große Folgen müssen in der Rückschau auch große Ursachen gehabt haben, also erinnern sich dazu befragte Personen im Nachhinein auch an sie. Juristen, Ärzte und Psychologen kennen das Phänomen als Rückschaufilter: Jeder Mensch neigt dazu, diejenigen Informationen zu suchen und bevorzugt zu behalten, die das bestätigen, was er bereits zu wissen glaubt.[2] Deswegen nehme ich Vergangenes immer als eindeutiger, eigentlicher und weniger von Widersprüchen und Zweifeln besetzt wahr als dieses unübersichtliche Jetzt. Erinnerungen haben eine so starke Wirkung, weil sie vieles weglassen. Ich erinnere mich nur an Abkürzungen. An Eingedicktes.

Jedes Reden über meine Geschichte verschafft mir eine neue, jeweils passende Vergangenheit: »So möchte ich geworden sein.« Denn Informationen, die ich *nach* einem Erlebnis erhalte, verändern meine Erinnerung an das Erlebte, ohne dass ich zwischen der älteren und der neueren Version unterscheiden könnte. Ich kann nicht nur sehr schlecht abschätzen, wieviel mein fleißiges Gehirn dem Vergangenen hinzugefügt hat, sondern projiziere auch meine jetzigen Empfindungen und Wertungen in die Vergangenheit zurück. Ich bin ein emotionaler Zeitreisender, ohne es selbst auch nur zu bemerken.[3]

Und bitte nehmen Sie es nicht persönlich, aber bei Ihnen ist es genauso. Je älter eine Person wird, und signifikant jenseits der 60, desto intensiver erinnert sie sich an Ereignisse, die sie zwischen 14 und 24 erlebt hat. Sie findet in dieser Phase das wieder, was sie vermeintlich ausmacht – nachträglich.[4] Das wird dann »meine Zeit«. Bei Popmusik mit dem Ergebnis, dass die beste Musik dann gemacht wurde, als man selbst Anfang 20 war. »Danach ging es steil bergab.« Die dazugehörige psychologische Studie ist übrigens im Auftrag von Werbeunternehmen erstellt worden. Autoreklame soll für ältere Käufer möglichst wirksam gemacht werden, indem man sie mit der richtigen Musik unterlegt. Nämlich von damals, als der grauhaarige Kunde von heute ein übermütiger Zwanzigjähriger war. In seinem Buch über die Erforschung des Gedächtnisses fügt Douwe Draaisma noch einen anderen, geradezu furchterregend schönen kleinen Satz an. »Wer sich an etwas erinnert«, schreibt er, »kommt wirklich von der anderen Seite.«[5]

Vor allem, wenn ich von mir selbst berichte. Beim Vorbeigehen am Autohändler um die Ecke habe ich letzten Winter gelernt, dass die Firma Range Rover jetzt ein Sondermodell mit Acht-Zylinder-Motor anbietet. Verspiegelte Scheiben, gehobenes Preissegment. Es heißt: »Autobiography«.

Erzählen ist Arbeit

Er wisse etwas über mich, flüstert mir der Gegenstand zu, was ich nicht wisse. Nämlich wie andere mich sehen. Die Geschichte des digitalen Ichs, haben Dietmar Dath und Swantje Karich vorgeschlagen, beginne mit einer Kommunikationsrevolution vor 500 Jahren; aber nicht mit dem Buchdruck oder mit dem gemalten Porträt. Sondern mit dem Spiegel.[6]

Ich habe nur eine vage Ahnung, wie ich selbst aussehe (unterschiedlich nämlich), und ungenaue Vorstellungen davon, was andere an mir überzeugend finden, oder finden könnten. Aber der Spiegel macht, dass ich die anderen, die mich anschauen, immer mitdenke, wenn ich mich in ihm betrachte und mich dabei ziemlich gut finde. Blöderweise sind die anderen meistens gerade dann nicht da. Und für das, was ich vor dem Spiegel mache, hat die Alltagssprache ein Wort: erzählen.

Erzählen bedeutet, eine Auswahl zu treffen. Erzählen ist Montage: Diese Szene; zack; dann diese. Erzählen vor dem Spiegel produziert den zugespitzten, bedeutsamen Moment, den einen Augenblick, in dem Ich selber so erscheine, wie ich es möchte – das winzige Fragment Zeit, in dem ich ganz Ich bin. Und das dann, blöderweise, schon wieder vorbei ist.

Erzählen ist deswegen Montage von Zeit. Im Gegensatz zur dramatischen Echtzeit der Livesendung, wo das, was der Zuschauer sieht, genau im selben Moment passiert, ist beim Erzählen das zeitverzögerte Senden der Regelfall. Das gilt nicht nur im Kino, das längst fertiggestellte Filme zeigt, oder in Theater und Oper, die Texte und Musik von früher wieder aufführen.[7] Auch Büchereien und Plattenläden bieten kleine konservierte Brocken Altzeit. Von einigen wenigen Ausnahmen abgesehen ist auch das, was im Radio, Fernsehen und im Netz abgespielt wird, *erneut* abgespielte ältere Aufzeichnung.

Wenn sich trotzdem Intensität – »Jetzt!« – einstellt, ist das die Arbeit des Publikums: Es ist dessen Gefühlsarbeit, die ein früher aufgenommenes Bild, ein Musikstück oder Video, das vor drei Monaten entstanden ist, oder eine Textpassage aus einem Buch, das vor eineinhalb Jahren geschrieben worden ist, mit starker momentaner Empfindung auflädt.

Dasselbe gilt für die Selbstdarstellung im Netz. Das allermeiste davon war vorher schon irgendwo, nur eben noch nicht gepostet und online ins »Jetzt!« gestellt. Dieses Jetzt wird aber nicht durch mich erzeugt, auch wenn es um mich geht. Sondern durch mein Publikum.

Das aufgeregte »Jetzt« der Intensität ist allerdings in den digitalen Kanälen nicht so einfach zu bekommen. Die Hälfte der Zeit, die man darin verbringt, ist umsonst, ärgerlich, verschwendet. Man weiß aber leider nie vorher, welche Hälfte. Das ist aber nicht von mir, sondern ein Zitat, wahlweise dem amerikanischen Warenhauskönig John Wanamaker aus dem 19. oder dem Werbefachmann David Olgivie aus dem 20. Jahrhundert zugeschrieben. Die Hälfte des Geldes für Werbung sei zum Fenster hinausgeworfen, aber man wisse nie, welche.

Und die digitalen Kanäle sind voll mit Werbung. Eine 2018 publizierte Schätzung: 50 Prozent aller Ich-Inhalte der sozialen Medien seien getarnte Reklame von kommerziellen Anbietern. Werbung und Selbstauskunft vertragen sich ausgezeichnet. Der Marktführer Facebook hat 2020 allein im zweiten Quartal 18 Milliarden Dollar Umsatz mit Werbung gemacht. Der Firmengründer Mark Zuckerberg erklärte in einer Presseaussendung 2019, die Vision seines Unternehmens sei der Schutz der Privatsphäre seiner Kunden. Die Urheberrechte an meinen Texten und Bildern habe ich allerdings im Kleingedruckten – »Benutzungsbedingungen akzeptieren: Klick« – bereits an den Betreiber des Netzwerks abgetreten. So geht Selbstauskunft im 21. Jahrhundert, in der Epoche elektronischer Tagebücher von Milliarden Menschen auf diesem Planeten – eine große, aber nicht durchgehend glückliche Digitalfamilie.

»Bleeding Edge« hieß der Roman, den der amerikanische Schriftsteller Thomas Pynchon 2013 herausbrachte. Wie die Bücher von Maurice Renard und Philipp K. Dick ist auch »Bleeding Edge« Science-Fiction-Literatur, nur eben nicht in der Zukunft angesiedelt, sondern in der Vergangenheit. Der Roman spielt im Sommer 2001. »Sie kriegen uns«, sagt der Hacker Eric darin, »denn wir sind allesamt einsam, bedürftig, gekränkt und wild entschlossen, an jede noch so jämmerliche Imitation von Zugehörigkeit zu glauben, die sie uns andrehen wollen.« Und dann wird er grundsätzlich. »Das Internet ist aus Sünde geboren, aus der schlimmsten Sünde, die es gibt. Und während es gewachsen ist, hat es nie aufgehört, den bitterkalten Todeswunsch für den Planeten im Herzen zu tragen. Tu den nächsten Schritt und verbinde das Internet mit diesen Handys, und Du hast die totale Überwachung. Kein Entkommen.«[8]

Seitdem das Internet ein unbegrenzt großes Publikum versprach, schrieb eine amerikanische Essayistin 2019, habe es begonnen, sich wie eine natürliche Heimat für den Ausdruck des eigenen Selbst anzufühlen. Die Einladung, über sich selbst Auskunft zu geben, ließ es in Lichtgeschwindigkeit wachsen. »Mit zwölf schrieb ich täglich 500 Worte in ein öffentliches Online-Tagebuch. Mit fünfzehn lud ich Fotos von mir im Minirock auf Myspace hoch. Mit 25 war es mein Job, Posts zu schreiben, die idealerweise hunderttausend Klicks generierten. Nun bin ich dreißig, und ein Großteil meines Lebens lässt sich nicht mehr trennen vom Internet und seinem Wirrwarr unablässigen, erzwungenen Verbundenseins – dieser fieberhaften, elektronischen, unerträglichen Hölle.«[9]

Die Anziehungskraft der sozialen Medien beruhe darauf, dass sie so unbefriedigend seien. »Weil wir nie wissen, ob unser Klicken und Suchen belohnt wird, machen wir ununterbrochen damit weiter, wie ratlose Ratten im Laborversuch, in der Hoffnung auf starke Eindrücke – auf einen schnellen Schub von Anerkennung, Schmeichelei oder Wut.« Damit hat die Autorin vermutlich recht. Aber ihr Buch demonstriert die Schwierigkeit, über die Herrschaft von Narzissmus und Aufgeregtheit anders zu schreiben als narzisstisch und so aufgeregt wie möglich. Andere Kapitel ihres Buchs handeln von ihrer strikten religiösen Erziehung und von sexueller Gewalt an ihrer Universität: Die eigene Subjektivität wird bei ihr zum letzten verbliebenen jungfräulichen Territorium, das nun von einem unersättlichen Profitsystem erobert und unterworfen werde. »Dem Kapitalismus«, verkündet die Autorin dramatisch, »bleibt kein Land mehr zu kultivieren als das Selbst.«[10]

Sicher? Die schrille apokalyptische Kritik an den großen Internetmonopolen und die Beschwörung ihrer angeblich unbegrenzten Macht über die Wahrnehmung ihrer Benutzer, hat der Technikhistoriker Lee Vinsel 2021 überlegt, seien möglicherweise weit mehr unfreiwillige Werbung für die Social Media-Giganten, als deren Kritikern selbst bewusst sei.[11] Werbung für Werbung, könnte man sagen, die unter dem Vorwand betrieben wird, Kritik an den Leviathanen zu üben, deren Einfluss aber nur vergrößert. Robuste empirische Belege für diese Befürchtungen fehlen bislang.

1981, noch unter Enver Hodscha, publizierte der albanische Schriftsteller Ismail Kadaré den Roman »Der Palast der Träume«. Er spielt in einem fiktiven Osmanischen Reich, das in einem extra dafür errichteten Palast von extra dafür angestellten Beamten die Träume der Untertanen sammeln und aufschreiben lässt. Bis die Untertanen selbst ihre Träume an den Sultan schicken, in der Hoffnung, dafür belohnt zu werden. »Komisch«, sagt mein Juristenkollege. Er kommt auch vom Balkan. »Geschrieben ist das im Sozialismus, vor vierzig Jahren. Aber es kommt einem so bekannt vor. All unsere Posts, Blogs und Fotos, was sind die denn anderes als unsere Träume?«

Zeig Dich

Erzähl von Dir. Zeige Deine Erinnerungen. Dann – und nur dann – werden Deine Wünsche nach Aufmerksamkeit, Anerkennung, Zugehörigkeit und beruflichem Erfolg in Erfüllung gehen. »Ich mache, was ich will«, sagt der befreundete Maler. »Aber genau das ist der Haken, an dem ich hänge. Ich bin mein eigener Ich-Kanal, mein Ich-Kurator, mein Ich-Anbieter.« »Ich bin Kulturproduzentin«, sagt die Autorin, »also muss ich vernetzt sein, multimedial. Ich muss mich herzeigen. Ich muss einen Blog schreiben, oder wenigstens twittern. Ich muss meine Texte ins Netz stellen, die Kritiken, die Auszeichnungen, meine schönsten Fotos und die Termine meiner Lesungen. Ich muss persönlich sein. Sehr persönlich.«

Süddeutsche Zeitung, Magazin, 30. November 2019. Wie funktioniert Personal Branding? Ganz einfach, schreibt die Ratgeberin, eine Berliner Dozentin für Neue Medien. Man dürfe sich nicht verstellen. Sondern müsse nur sich selbst erkennen. »Entdecke, wer Du wirklich bist. Was sind Deine Markensäulen, für die Dein Gesicht stehen soll? Alles andere kommt weg.« Und wie bekomme ich jetzt mehr Follower? »Inhalte liefern, die begeistern.«

Aha. Gib alles von Dir, so lautet die Aufforderung, dann hast Du Leser, Zuschauer, *follower* und Erfolg. Und der Umkehrschluss: Wenn Du zu wenig Leser und zu wenig Erfolg hast, dann warst Du nicht persönlich, intensiv und offenherzig genug, zu wenig Du selbst und zu wenig echt.

Im selben Herbst 2019 brachte die Zeitschrift *Texte zur Kunst* ein Heft zur Autofiktion heraus: Über sich selbst schreiben.

Ein Wort allerdings fiel in den vielen Beiträgen zu Literatur und Selbstdarstellung im Heft nirgends. Ich-Verkauf – die Tatsache, dass Selbstdarstellung im Kulturbetrieb Marketing ist. Und das ist schon ein bisschen merkwürdig bei einer Zeitschrift mit vielen schön gedruckten bunten Bildern, die mit einer 30 Seiten langen Strecke von Anzeigen für Galerien und Verkaufsausstellungen anfängt und aufhört.

Der engagierte Kultur- und Wissenschaftsbetrieb ist ein sehr spezieller Ort. In ihm wird das Allerpersönlichste zum Rohmaterial und zum ausgestellten Beweis für den Kick und die Intensität. Damit wird man nie fertig; vor allem dann nicht, wenn man erfolgreich ist: Dann muss es verlängert, erneuert und überboten werden. Zwischen den Ich-Produzentinnen und -Produzenten herrschen Konkurrenz (»Schreibt Sie jetzt das große erfolgreiche Buch oder ich?«), kollegiale Zuwendung zum anderen als Publikum (»In diesen schweren Zeiten müssen wir zusammenhalten – kommst Du zu meinem Vortrag?«) und moralischer Wettkampf (»Ich bin solidarischer mit den Unterdrückten dieser Welt als Du.«). Zum Spektakel der Selbstvermarktung im Prekären gehört schließlich, dass die Beteiligten selbst den Betrieb unerschütterlich als Freiraum, als Zone des guten und des einzig richtigen Lebens bezeichnen.

Was man darin tut, darf nicht wie Arbeit aussehen, sondern wie lockere Selbstauskunft, eine wie von selbst entstehende Dokumentation des eigenen Lebens, in dem man das tut, was man sowieso tun möchte, aber andere mit Hilfe von Texten und Bildern daran teilhaben lässt, wie man einfach ist. Das, was früher Arbeit hieß, ist Ausdruck des eigenen unverwechselbaren Stils. Dieses Ich muss ganz persönlich und unverstellt daherkommen, aber passend zu den Produkten, möglichst kontinuierlich, aber mit immer neuen verlockenden Geschichten und Bildern, an denen man gerne hängenbleibt. Sie müssen »sticky« sein, wie der Fachausdruck lautet – klebrig.[12] Das hatten wir schon: Nahgeschichte als Nacktschnecke.

Selbstauskunft und Autonomie stehen in einem vertrackten Wechselverhältnis: Ist die Person, die ihre Einzigartigkeit am wirkungsvollsten mitteilt, selbständiger als die anderen? Oder ist sie von ihrem Publikum abhängig, für das diese Selbstdarstellung aufgeführt wird, ständig bereit zum schnellen, angemessenen und immer charmanten Antworten? Alle Beteiligten in diesem Wettbewerb um Aufmerksamkeit müssen posten, teilnehmen, bloggen, twittern, schreiben die Sozialwissenschaftlerinnen Alison Hearn und Stephanie Schoenhoff in einem Artikel über die Entstehung der Influencer, um ihren besonderen Wert und Einfluss zu demonstrieren. Wenn Festanstellungen unerreichbar geworden sind, wird möglichst klickstarke öffentliche Intimität fürs Publikum zur einzig möglichen Absicherung gegen die Unsicherheit. Bezahlte Aufträge bekommt man nur durch vorherige unbezahlte »hope labour«: Arbeit am Selbst in einer durchaus bitteren wörtlichen Bedeutung.[13]

»Komm, sei nicht so begriffsstutzig«, sagt der Maler. »Damit der Markt richtig Markt sein kann, muss er so tun, als ginge es eben nicht um das Geld, sondern um die Freiheit der Kunst, die Gleichstellung der Geschlechter, die Zukunft des Planeten oder um irgendetwas anderes Erhabenes. Sonst flutscht das nicht. Sonst fühlen sie sich auch nicht so gut, die Käufer, die Kritiker und die Kuratoren. Deswegen kann gar nie genügend echtes Ich da sein. Das ist der Antrieb, das Blut.« Und dann lacht er. »Es muss immer frisches her. Und das trinken die dann.«

Das ist der selbstauferlegte Imperativ aller Kulturarbeiter:

Ich muss interessant sein. Immer; und in allem, was ich tue. Diese Forderung ist umso strenger, weil sie als Versprechen auf Befreiung daherkommt. Sei endlich Du selbst! Übertrete die Grenze und werde zu dem, was Du wirklich bist – und zeig es uns, jetzt gleich! »Kehrt man von einem fernen Landstrich zurück in die Metropole«, hat der Berliner Künstler-Aktivist Guillaume Paoli 2017 geschrieben, »sehen sie alle merkwürdig gleich aus, die unterschiedlichen Individualisten.«[14]

Vor dem Spiegel

Auf dem reflektierenden Bildschirm: Schon wieder ich, im Spiegel. So war das vorher schon, in den Spiegelungen der dunklen Mattscheibe, zuerst im abgeschalteten Fernsehgerät, dann auf den großen Bildschirmen der Desktop-Geräte. Die Laptops haben andere Oberflächen, in ihnen kann man sich kaum mehr sehen; dafür gibt es jetzt die eingebaute Bildschirmkamera, die das Bild des Benutzers in Farbe und hervorragender Qualität wiedergibt und in die Welt pumpt.

Im Jahr 2020 machte die Pandemie das Arbeiten mit »Zoom«, »Jitsi«, »Teams« und ähnlichen Kommunikationsplattformen monatelang zur Alltagssituation von Millionen. Seither wissen alle, die länger als eine Dreiviertelstunde Sitzungen, Vorlesungen, Seminare, Prüfungen vor dem Bildschirm mitgemacht haben: Der Spiegel sperrt Dich ein. Zu viel angeschaut zu werden, von anderen wie von Dir selbst, ist eine Falle. Deswegen die leicht bizarren Effekte, die der Versuch erzeugt, in diesem Spiegel die eigene Wirkung zu maximieren.

Also besser wenig sagen – nicht nur im Home Office. Auf die Bitte eines Journalisten, seine künstlerische Arbeit so knapp wie möglich zusammenzufassen, hatte der Komponist John Cage 1970 geantwortet: »Get yourself out of whatever cage you find yourself in.« Das Ziel, gab der französische Philosoph Gilles Deleuze 1977 im Gespräch mit der Journalistin Claire Parnet zu Protokoll, »ist nicht, Fragen zu beantworten. Das Ziel ist, zu entkommen. Dem Käfig zu entkommen.«[15]

»Geboren?«, fragt in Saša Stanišićs Ego-Roman »Herkunft« von 2019 ein barscher Grenzbeamter den Ausländer. »Ja«, sagt der. Das Ich-Sagen, darauf will Stanišić hinaus, ist ein Frage- und-Antwort-Spiel zwischen Ungleichen, mit sehr unfreiwilligen Aspekten. 1961 wurde die schwarze amerikanische Pianistin Nina Simone von einem weißen Journalisten gefragt, warum sie sich nicht stärker in der Civil-Rights-Bewegung engagiere. Sie antwortete mit einem schönen Satz in der ersten Person Singular. »Motherfucker, I *am* Civil rights.«[16]

Erzähl von Dir. Zeig uns, wer Du wirklich bist. Das möchten die freundlichen digitalen Kanäle, der blonde Personalchef, die Kolleginnen und Kollegen, Konkurrenten, Kuratoren und die Interviewer. Sie möchten mich ganz, mit Fleisch und Blut, Haut und Haar. Reden über mich selbst ist Mangel und Versprechen in einem: Je mehr Ich-Auskunft, desto mehr Details will das Publikum wissen. Ziemlich viel auf der Welt, hat der Wiener Philosoph Franz Schuh geschrieben, existiere tatsächlich, ohne dass es auch nur im Geringsten anschaulich wäre.[17] Deswegen kann man es auch nur schlecht auf dem Bildschirm herzeigen.

Ein neuer Computer war für mich früher das Versprechen auf Neues, aber das ist schon lange her. Jetzt ist er der neue Speicher für Altes. Die Mediengeschichte der letzten hundert

Jahre enthält eine interessante Lektion. Jedes neue Informationsmedium verkündet erst einmal seine Einzigartigkeit. Es übertreibt dabei, und die Benutzer neigen dazu, die Wirkungen des Mediums auf sich selbst zu überschätzen.

Die Nachrichtenkanäle, in denen ich mit anderen kommuniziere, verändern mich weniger, als ich gerne glauben möchte. Was mein Leben bestimmt, sind mein Genpool und mein Umgang mit meinem eigenen Körper. Von ganz wenigen Ausnahmen abgesehen, stirbt niemand am Konsum von Medien, verglichen mit Drogen, Zucker und anderen materiellen Substanzen. Die Bewohnerinnen und Bewohner des wohlhabenden Mitteleuropa leben nicht durch Medienkonsum fast zwanzig Jahre länger als ihre Großväter, auch wenn sie sich das gerne einbilden möchten oder durch ihre Lieblingsmedien einreden lassen. Sondern durch bessere Gesundheitsversorgung, Arbeitsbedingungen und Wohlstand – alles sehr analog.

Was ich für mein Allereigenstes halte, ist das, was man früher Klassenlage genannt hat: Eltern, Ausbildung, Liebespartner. (Dazu später mehr.) Ich bin eine blinkende Sozialboje. Die Liste der Faktoren, die mein eigenes Leben bestimmen, ist überschaubar. Erstens: Geld. Zweitens: Liebe. Drittens: mein eigener Körper. Die Schwerkraft dieser drei Himmelskörper ist um einiges machtvoller als das, was ich als mein eigenes Bild im Spiegel oder auf dem Bildschirm herzeige oder als meine eigenen Wünsche dort verkünde.

Das demonstrative Verkünden der eigenen Autonomie – ich ganz allein, nur ich! – demonstriert deswegen vor allem eins: Abhängigkeit vom Publikum. Und zwar umso stärker, je wilder und nachdrücklicher es ausfällt. Wer dauernd sein besonders starkes Ich vorzeigen muss, heftet sich an etwas, das er für den

Blick der anderen ununterbrochen optimieren muss. Influencer sind natürlich schon sehr cool, ich weiß schon. Und wenn man genauer hinschaut: nichts anderes als Werbefuzzis mit diskreten Auftraggebern.

Denn die Geste der Freiheit ist, dass einem etwas wurscht ist. Freiheit ist kein stabiler Zustand, sondern eine Bewegung: Sich frei machen, für einen Moment. Natürlich ist der kurz, aber das ist schon einmal gar nicht so wenig.[18] Wenn ich nicht online bin, habe ich erstaunlich viel schlampigen Bewegungsraum. Ich atme, fühle, schwitze und lache darin (wo denn auch sonst?), ohne dass jemand das anklicken und anschauen kann. Ich habe die Erlaubnis, nicht ich selbst zu sein.

So kommt man aus dem Käfig auch heraus. Durch Verschlampen. Verbröseln. Verkrümeln. Vielleicht hat Michel de Montaigne das gemeint, als er 1580 schrieb, die beste seiner persönlichen Eigenschaften sei die Biegsamkeit. Oder meinte er Dehnbarkeit?

Denn das Ich, das wäre vielleicht ein erstes Zwischenergebnis unserer Erkundung, ist historisch gesehen eine Art Gummiring. Elastisch. Vielfältig brauchbar. Fasst fremde Dinge zusammen, mal die eine, mal die andere Sache. Verschließt Plastiksäckchen, aber man kann damit auch zusammengerollte kleine Stücke Papier quer durch das Zimmer schießen. Robust. Schwer zu zerreißen, aber nicht haltbar: In einer Schublade sich selbst überlassen, lösen sich Gummiringe in zwei, drei Jahren von selbst in klebrige Krümel auf.

3. Heimatkunde

*»Einen Feind zu schaffen
ist immer die wirkungsstärkste Erzählung.«*

Albrecht Koschorke

*»When I had no enemy
I opposed my body.
When I had no temple, I made
My voice my temple.«*

Robert Pinsky: Samurai Song

Ich weiß ja nicht, wie es Ihnen geht, aber ich bin nichts Besonderes. Ich bin wie alle anderen, die denselben Pass, dasselbe Geschlecht und denselben familiären Hintergrund haben wie ich. Wenn ich mich aber auf die Hinterbeine stellen will, ganz laut bellen und große Forderungen verkünden, dann rede ich nicht von mir. Sondern gebrauche das Personalpronomen im Plural. »Wir müssen.« »Wir finden es unerträglich, dass.« »Ich möchte jetzt bitte jede Menge Aufmerksamkeit für mein Klagen in Euer aller Namen.«

Wenn das Ich ein Gummiring ist, dann ist das Wir dreidimensional, eine Art Tüte. Wer »Wir« sagt, groß geschrieben, verspricht gleichzeitig umfassende Zugehörigkeit und besondere Besonderheit. »Wir« ist keine Gesamtheit von Personen, sondern ein Einteilungssystem. Vielen politischen Bewegungen sei ein besonderer sprachlicher Code gemeinsam, hat die italienische Philosophin Adriana Cavarero geschrieben, eine Moral, die in die Pronomen hineinverlegt werde. Das »Wir« sei immer positiv, das »Ihr« bezeichne mögliche Verbündete, das »Sie« trage die Züge des Gegners.[1]

Selbsteingemeindungen

»Wir wissen, dass ihr ›wir‹ sagt, aber ihr sagt es nicht wie wir. Wir wissen es durch unsere außerordentlichen Erfahrungen, Gewohnheiten und Ideen.« Behauptet werden damit auch immer die außergewöhnlichen kollektiven Eigenschaften, die uns auszeichnen, und zwar nur uns, vor allen anderen – ein rhetorischer Kniff, der seit dem 19. Jahrhundert so etwas wie das Standardverfahren der politischen Rhetorik geworden ist.[2] Deswegen sind all die aufgeregt verkündeten Wirs als vermeintlich bedrohte moralische Entitäten einander auch so ähnlich.

Oder hören sich zumindest ähnlich an. »wir. ein sozialistisches festspiel« hieß das große Bühnenspektakel in strikter Kleinschreibung, das zur 1. Mai-Feier 1932 in der Frankfurter Festhalle vor 18 000 Zuschauern uraufgeführt wurde. Ein Jahr später wurde es auch in Zürich auf die Bühne gebracht, vor dem Hintergrund der Zürcher Gemeinderatswahlen und mit großem Erfolg: Die sechs Zürcher Aufführungen wurden von etwa 10 000 Menschen besucht. Die Musik stammte von Ottmar Gerster, der Text von Hendrik de Man, und das Ganze war ein Multimediaspektakel mit Chören, Tanzgruppen, einem Orchester und Filmprojektionen, das auf einer pyramidenförmigen Bühne den Aufstieg des Proletariats von der »Welt der Entsagung« zum »Weckruf« und schließlich der »Versuchung und Erlösung« schilderte. Protagonist war die Masse der Sängerinnen und Sänger auf der Bühne, mehrere hundert Personen: Sie teilt sich während des Stücks in zwei Lager, den »Chor der Vorkämpfer« und den »Chor der Entmutigten«, die sich am Ende aber zum »Chor der emporstrebenden Menschen« vereinigen und singen:

> »Der Wille ist stark!
> Wir wollen Freude, glückliches Leben!
> Wir wollen freudige Arbeit!
> Wir wollen frohe Frauen!
> Wir wollen glückliche Kinder!
> Wir wollen Freizeit!
> Wir wollen Wissen und Schönheit!
> Wir wollen Menschenwürde für alle!
> Wir wollen die Einheit der Welt!«

Wer will da widersprechen? Ziel der Feier, so der Zürcher Regisseur, sollte die »aktivierung der zuhörenden und zuschauenden« sein. (Wieder in strenger Kleinschreibung.) Sie sollten »eine einheit werden: ein großes einheitlich denkendes, einheitlich fühlendes, von einheitlichem willen beseeltes ›wir‹.« Das Drama sei »kultisches lehrspiel«, so sein Autor.[3]

Dieser Autor kam nicht aus der Literatur, und auch nicht aus Deutschland oder der Schweiz. Hendrik de Man, 1885 in Antwerpen geboren, hatte Psychologie und Volkswirtschaft studiert und sich in der Arbeiterbewegung engagiert. Seine Studie »Kampf um die Arbeitsfreude«, 1927 erschienen, brachte ihn 1929 auf den Lehrstuhl für Sozialpsychologie an der Universität Frankfurt am Main. In der Gründungsrede der nationalsozialistischen Organisation »Kraft durch Freude« hatte sich Robert Ley, Reichsorganisationsleiter der NSDAP und Leiter der »Deutschen Arbeitsfront«, 1933 explizit auf de Mans Ideen zur Hebung der Arbeitsfreude berufen.[4] Nach der Machtergreifung verlor de Man trotzdem seinen Job und kehrte nach Belgien zurück. Dort wurde er sozialistischer Parlamentsabgeordneter und 1936 Finanzminister; die deutsche Besetzung Belgiens im Juni 1940 begrüßte er als Niederlage der »kapitalistischen Plutokratie«. 1941 erhielt er allerdings Rede- und Publikationsverbot und ging nach Paris, 1945 in die Schweiz. Die gewährte ihm politisches Asyl, als er im Jahr darauf in Belgien wegen Hochverrats und Kollaboration zu zwanzig Jahren Gefängnis verurteilt wurde. 1953 starb er bei einem Autounfall. Zuvor hatte er noch mehrere Bücher auf Deutsch publiziert: »Vermassung und Kulturzerfall: Eine Diagnose unserer Zeit«, »Gegen den Strom: Memoiren eines europäischen Sozialisten« und »Fliegenfischen leicht gemacht: Anleitung zum Angeln mit der künstlichen Fliege«.[5]

Welches Wir also? Hendrik de Mans Neffe Paul wurde in den 1960er und -70er Jahren als Literaturwissenschaftler in Baltimore, Zürich und Yale mit der These berühmt, die sprachlichen Mittel literarischer Texte sagten gerade das Gegenteil von dem aus, was sie logisch vermittelten: Sie demonstrierten, wie Sprache den Blick auf die Wirklichkeit verstellen könne. Er nannte das in einem damals sehr einflussreichen Buch die Dialektik von Blindheit und Einsicht. 1987 wurde bekannt, dass Paul de Man 1941 antisemitische Artikel für Tageszeitungen im besetzten Belgien publiziert hatte; unter anderem in *Le Soir*, in dem gleichzeitig »Tim und Struppi« in täglichen Strips erschien. Die Stelle als Redakteur hatte ihm sein Onkel verschafft. Mit Jacques Derrida, der als Kind einer jüdischen Familie im Frankreich des Vichy-Regimes keine Schule besuchen durfte, war Paul de Man eng befreundet.[6]

Immer noch »Wir«, wir Angler, wir sozial Engagierten, wir Leser von »Tim und Struppi« und cooler Literaturtheorie? »Wir« hieß das Lied, das Freddy Quinn 1966 bei seiner deutschen Plattenfirma Polydor herausbrachte.

> »Wer will nicht mit Gammlern verwechselt werden?«, singt er darauf. »Wir!
> Wer sorgt sich um den Frieden auf Erden? Wir!
> Ihr lungert herum in Parks und in Gassen,
> Wer kann eure sinnlose Faulheit nicht fassen? Wir!
> Wer hat sogar so ähnliche Maschen,
> auch lange Haare, nur sind sie gewaschen? Wir! Wir! Wir!«

Geschrieben hatte den Text der österreichische Komponist und Liedtexter Fritz Rotter, der wegen seiner jüdischen Herkunft 1936 vor den Nationalsozialisten flüchten musste. Das Lied, sagt mir Wikipedia, sei im Spätherbst 1966 drei Monate in den deutschen Single-Charts gewesen, zwei Wochen davon in den Top 10. Heute verströmt es eine Art leicht beklemmender Peinlichkeit; in die öffentliche Erinnerung an die rebellischen 1960er Jahre in der Bundesrepublik ist es nicht eingegangen. Oder ist es ein Beleg für die These von Paul de Man, dass die sprachlichen Mittel literarischer Texte gerade das Gegenteil von dem aussagten, was sie logisch vermittelten? Aber vielleicht ist der Autor von »Veronika, der Lenz ist da« – denn das schrieb Fritz Rotter auch, 30 Jahre vorher – einfach immun gegen alle analytischen Werkzeuge der Dekonstruktion.

Wo ist der Feind?

Sommer 2020: Die Eidgenössische Migrationskommission feiert ihr fünfzigjähriges Bestehen. Die außerparlamentarische Kommission, so die offizielle Selbstdarstellung auf ihrer Website, »berät die Schweizer Bundesregierung und die Verwaltung in Migrationsfragen und fördert den gesellschaftlichen Zusammenhalt«. Gegründet wurde sie 1970 als »Eidgenössische Konsultativkommission für das Überfremdungsproblem«. Ihre Jubiläumsfeier stellte sie unter ein besonderes Motto: »Das neue Wir«. So schön der Slogan klingt, spezifisch schweizerisch ist er nicht. Sondern sozusagen geborgt – vom Titel eines im Jahr zuvor erschienenen Buchs: »Das neue Wir. Eine andere Geschichte der Deutschen.«[7]

Wenn »Wir« ein Behälter ist, dann eine Art sehr große Einkaufstasche. »Immer fehlt etwas im ›wir‹, und was uns fehlt, dient uns als jeweiliges Endziel«, bemerkt der Philosoph Tristan Garcia ironisch. »›Wir‹ funktioniert durch Mangel: Es ist ein Kompensationssystem.«[8] Das wird noch deutlicher, wenn die erste Person Plural als negativer Kontrast gebraucht wird, als rhetorische Verstärkung von Negation. »Nicht in unserem Namen!«, hieß der Slogan der Protestbewegung gegen den

US-amerikanischen Angriff auf den Irak, die 2002 und 2003
Demonstrationen und Straßenblockaden organisierte. Unter
exakt demselben Slogan wurde im Dezember 2014 in Deutschland eine Unterschriftenliste prominenter Personen gegen
eine drohende militärische Auseinandersetzung mit Russland
veröffentlicht. Ehemalige deutsche Bundeskanzler und Bun-
despräsidenten finden sich auf ihr ebenso wie Staatssekretäre
des Verteidigungsministeriums, Bundestagsabgeordnete und
Regierungschefs.

Die Situation war erhellend paradox. Einstige Inhaber von
Regierungsämtern (und auch ein paar Noch-Inhaberinnen),
die viele Jahre lang als Vertreter eines großen Wir – Großstadt,
Bundesland, Parlament – entschieden und gesprochen hatten,
machten sich eine Protestformel der Gegenkultur zu eigen. Zuvor waren sie selbstverständlich im Namen aller aufgetreten,
jetzt stellten sie sich als Opfer übermächtiger Gegner dar und
sprachen erneut im Namen eines übergeordneten kollektiven
Wir – das, so ein Zufall, schon wieder sie verkörperten.

An manchen Leuten klebt eben mehr Wir als an anderen;
an Pfarrern, Bundestrainern, Großphilosophen (vor allem,
wenn sie über 70 sind), Feuilletonredakteuren, Bürgermeis-
tern und, wie wir seit dem Frühjahr 2020 wissen, an Virologen.
Die Macht des »Wir« beruht darauf, dass die meisten Personen,
die darunter subsumiert werden, vorher nicht gefragt worden
sind, ob sie denn auch dabei sein möchten.

Vor 50 Jahren hat der Ethnologe Frederick Barth die Arbeiten
einer ganzen Generation von Sozialwissenschaftlern zu Grup-
penkulturen nüchtern bilanziert. Die Vorstellung einer gemeinsamen und alle Gruppenmitglieder verbindenden Kultur
ist eine Chimäre. Was einer Gruppe die Vorstellung von Kohä-

renz und Zusammengehörigkeit liefert, ist die Vereinbarung, wer sie *nicht* sind. Das vermeintliche Gemeinsame besteht zu sehr großen Teilen aus ununterbrochener Abgrenzungsarbeit, »boundary work«, wie Barth es nannte; aus jenen ständig erneuerten Zuschreibungen, an deren kleinen Unterschieden man diejenigen erkennen kann, die nicht zu uns gehören.[9]

Diese Erkennungszeichen und die dazugehörigen Begründungen wechseln über die Jahre. Was aber konstant bleibt, ist die Abgrenzung. Deswegen sind wir im Zweifel alle Pashtunen, *pathans*: An diesen kämpferischen Gebirgsbewohnern in Afghanistan und Pakistan hatte Frederick Barth sein Modell entwickelt. »Wir« sagen heißt, einen gemeinsamen Feind herzustellen. Seit dem ereignisreichen Jahr 2020 wissen wir, dass dieser Feind auch ein für das bloße Auge unsichtbares Virus sein kann, wenn es nur bedrohlich genug ist. Und dass das Wir als Befürchtungsgemeinschaft funktioniert. In seinem Namen lassen wir individuellen freiheitsliebenden Pashtunen uns ganz folgsam herumkommandieren.

Ein kompliziertes Wort

»Wir sind Heimat«, verkündet die Schweizerische Volkspartei auf ihrer Website im Herbst 2020, während ich das schreibe.[10] »Wir sind Heimat« war acht Jahre früher bereits der Titel eines Symposiums und des dazugehörigen Sammelbands der deutschen Konrad-Adenauer-Stiftung. »Wir für Euch« lautete der Slogan, den die Freiheitliche Partei Österreichs unter ihrem damaligen neuen Spitzenkandidaten Heinz-Christian Strache

(»Der Patriot!«) 2006 im Wahlkampf in Wien auf ihre Plakate drucken ließ. Zusammen mit einem weiteren Slogan, der flott und in griffigem Dialekt Heimat definierte: »Daham statt Islam«. Bei der österreichischen Bundespräsidentenwahl 2016 warb der grüne Kandidat Alexander van der Bellen mit »Heimat braucht Zusammenhalt«, und der Slogan der Partei »Alternative für Deutschland« von 2017 lautete: »Hol Dir Deine Heimat zurück.«

Das ist natürlich auch Selbstauskunft. Bei uns Pashtunen wird Heimat mithilfe der Leute hergestellt, die nicht dazugehören sollen. Im Österreich des Jahres 2006 war das ein vermeintlich bedrohlicher Islam; in Deutschland nach 2015 die Asylbewerber. In den Kampagnen der Schweizerischen Volkspartei sind es seit fast 20 Jahren die (heute) 2,2 Millionen Ausländerinnen und Ausländer, die den 6,6 Millionen Schweizerinnen und Schweizern die Wohnungen putzen, ihre Kinder und ihre pflegebedürftigen Alten versorgen und eine der reichsten Volkswirtschaften des Planeten am Laufen halten. Die Mehrzahl der börsennotierten Firmen der Schweiz wird von Ausländern geführt. Nebenbei erzeugen sie offensichtlich aber noch etwas anderes: die heimelige, anheimelnde, heimatliche gute alte Zeit von früher, als sie vermeintlich noch nicht da gewesen sind.

Home, Sweet Home: Als im 8. Jahrhundert Parsen aus dem heutigen Iran auf der Flucht vor der Islamisierung im indischen Gujarat ankamen, berichtet ein indischer Chronist, schickte ihnen der lokale Hindu-König als Geschenk ein Glas Milch, bis zum Rand gefüllt. Unsere Heimat ist schon voll, lautete die so übermittelte Botschaft, bei uns ist kein Platz. Der Anführer der Parsen rührte Zucker hinein und sandte es zurück. Das Glas war immer noch voll. Aber es schmeckte anders.[11]

Aber was ist sie dann, die Heimat, die für Ichs und Wirs von so unterschiedlicher Bauweise und Erscheinungsform verwendet wird? 77 Prozent aller Befragten, so ermittelte eine große Umfrage des deutschen Allensbach-Instituts im Frühjahr 2018, fühlten sich ihrer Heimat »sehr stark« oder »stark verbunden«. Was sie aber darunter genau verstanden, konnten die Interviewer nicht ohne weiteres herausfinden. Denn Deutschland als Ganzes wollten nur 7 Prozent als ihre Heimat definieren. 33 Prozent nannten ihren Wohnort, 22 ihren Geburtsort oder die Region, in der sie aufgewachsen waren. Aber ist Heimat überhaupt ein Ort? 87 Prozent der Befragten gaben an, bei Heimat dächten sie an ihre Kindheit. Weil Mehrfachnennungen möglich waren, kreuzten ebenfalls 87 Prozent das Kästchen »Familie« an, 84 Prozent »Freunde« und 75 Prozent »Vergangenheit, alte Zeiten«.[12]

Eine Schweizer Umfrage von 2017 kam auf noch verwirrendere Zahlen. Auf die Frage, was Heimat für sie sei, antworteten 95 Prozent schlicht »Menschen«, 94 Prozent »Landschaften«, 91 Prozent »Traditionen« – an einen Ort auf der Landkarte dachten dagegen nur zwei Drittel der befragten Schweizer. Weil die Interviewer es genauer wissen wollten (*welche* Menschen denn?), gaben 70 Prozent an, sie meinten ihre eigene Familie, und 64 Prozent: Freunde. Bei den Landschaften, die Heimat bedeuteten, gaben 60 Prozent »Berge« an; aber immerhin 27 Prozent »Städte« sowie – angesichts der geographischen Lage der Schweiz nicht ohne Witz – 18 Prozent »Meeresstrände«.[13]

Heimat sei utopische Sehnsucht, meinte im dazugehörigen Ausstellungskatalog ein Philosoph. Heimat sei die Grundangst vor Entfremdung in einer immer stärker beschleunigten Welt, meinte ein paar Seiten weiter ein Soziologe. Vor allem ist Heimat ein Hebel für ganz unterschiedliche Dinge, zeigte der Katalog: Visionen einer »Rückkehr zum Lokalen« sind damit ebenso griffig zu begründen wie »starke nationale Selbstbestimmung« und (bitte schnallen Sie sich an, wir starten in wenigen Minuten) »digitale Weltbürgerschaft«.[14]

Aber was Heimat auch immer ist, über eines scheinen sich die Schweizer erstaunlich einig. Wo die weite Wunderwelt der Mehrfachnennungen aufhört und danach gefragt wurde, ob die Heimat bedroht sei, antworteten 51 Prozent der Befragten mit »Ja«. In Deutschland wurde im Jahr darauf gefragt, ob man der Aussage »Manchmal habe ich das Gefühl, dass das, was meine Heimat ausmacht, immer mehr verloren geht« zustimme. 56 Prozent sagten »Nein«; nur etwas mehr als ein Viertel, 28 Prozent, stimmten zu. Vielleicht hat das ja auch damit zu tun, dass für die Heimat in der BRD seit März 2018 ein eigenes Ministerium zuständig ist. Zuständigkeit und offizielle Bezeichnung des früheren Innenministeriums wurden extra dafür erweitert, »für Inneres, Bau und Heimat« heißt es seither. 71 Prozent der Befragten der Allensbacher Umfrage gaben lakonisch an, sie hätten keine Vorstellung davon, welche Aufgaben die Behörde damit übernehme.[15]

Heimat ist offensichtlich eine Wolke. Für die Schweiz gilt das in einem ganz wörtlichen Sinn, denn dort ist sie seit dem Frühjahr 2016 im Handel. Ein reines Naturprodukt, ohne Zusatz- und Aromastoffe: die erste Zigarette, die zu 100 Prozent aus der Schweiz stamme. »Heimat bald auch in Ihrer Nähe«, titelte die dazugehörige Website. Auf den Plakaten, die im Sommer 2016 für die neue Zigarettenmarke warben, blickte ein kerniger Älpler gedankenverloren aus dem Fenster eines Chalets,

Zigarette in der Hand, dahinter ein alter Holztisch. Nach dem 21. Jahrhundert sah das Bild nicht aus, eher nach den 1950er Jahren, aber in Farbe. Darunter: »Online bestellen auf www.zeitretter.com.« Relaunch im Jahr darauf, unter www.heimatkult.ch. »In unserer kleinen Manufaktur am Bodensee vereinen wir reinen Schweizer Tabak mit naturbelassenem CBD-Hanf.« Die erste Tabak-Hanfzigarette der Welt war seit Juli 2017 legal im Supermarkt erhältlich, allerdings nur in der Schweiz; mit erheblichem Presseecho. Die Slogans auf der Website waren ebenfalls neu. »Heimat ist überall«, »Mir gefällt Heimat« und: »Unsere Empfehlung: Heimat-Produkte wie immer ganz entspannt und mit Maß genießen.«[16]

In Deutschland ist Heimat ein Gin, 43 Prozent Alkoholgehalt, der halbe Liter für 34 Euro – eigentlich ganz passend für das Land mit dem dritthöchsten Alkoholkonsum pro Kopf in der EU. »Heimat« ist aber auch eine sehr erfolgreiche Werbeagentur: 1999 gegründet, mit zahlreichen preisgekrönten Kampagnen und Niederlassungen in Wien und Zürich. »Heimat Berlin Advertising Agency. Smart. Unexpected. Touching.«[17] Als ich ihre Seite anklicke, finde ich mich in einem futuristischen Videoclip wieder, mit zackigem Electro-Sound unterlegt: Männer in Schutzanzügen vollziehen in zuckendem blauen Licht offensichtlich dringende Arbeiten an glänzenden weißen Kästen. Darin befinden sich vielleicht die Inhalte, die im Auftrag der Kunden unter die Leute gebracht werden sollen.

Die Heimat von früher

Hilft der Blick zurück, auf die Geschichte des Wortes? Heimat kommt vom gotischen »haims« und dem althochdeutschen »heimote«, was Dorf, Wohnort, Wohnung bedeutete. Es war positiv konnotiert, sein Gegenbegrif war »elilentli«, Fremde – oder eben Elend. Beide Ausdrücke haben im Mittelalter und in der Frühen Neuzeit starke religiöse Konnotationen. Das irdische Leben war Elend, das Glück der Gläubigen im Jenseits Heimat. Diese Heimat war ein spirituelles »Nicht-Hier und Noch-Nicht«, wie die Historikerin Susanna Scharnowski es nennt, von Luther bis zum Euphemismus »heimgehen« für das Sterben – eine utopische christliche Kategorie.[18]

Gleichzeitig war Heimat seit dem ausgehenden Mittelalter ein Rechtsstatus. Das Heimat- oder Bürgerrecht besaß, wer über Besitz verfügte und Mitglied einer Gemeinde war. Heimat war Anspruch auf die Mitbenutzung der kollektiven Ressourcen: Holz aus dem Wald, Weiderechte auf dem Gemeindebesitz, das Anrecht auf Unterstützung im Fall von Armut und Krankheit. So wurde es seit den 20er Jahren des 16. Jahrhunderts in Deutschland wie in der Schweiz durch obrigkeitliche Verordnungen festgelegt. Die Gemeinden sollten selbst für ihre Armen sorgen, damit diese nicht durch Betteln anderen zur Last fielen.[19]

Heimat also war kein Ort, sondern ein Recht, das vererbt wurde. Wer von auswärts kam, musste es gegen Gebühren erwerben. 1513 klagten Berner Gemeinden vor dem städtischen Rat, dass massenhaft Leute aus der Lombardei, dem Piemont und dem Wallis zuzögen und Nutzungsrechte an Wald und Allmend in Anspruch nähmen. Im selben Jahr setzten sie durch, dass sie von Zugezogenen aus dem Ausland eine Gebühr von 25 Pfund erheben dürften – ein erheblicher Betrag, der etwa dem Jahreslohn eines Handwerksgesellen entsprach. Heimat war deswegen in der Praxis ein amtliches Stück Papier, eine behördliche Bescheinigung. Im 16. Jahrhundert wurden Gebühren für diese Heimatscheine allgemein üblich, während der Krisen des 17. Jahrhunderts stiegen sie im ganzen deutschen Sprachraum stark an; auch Einwanderer aus Nachbargemeinden mussten sie entrichten.

Eine solche Bescheinigung über Zugehörigkeit war kostbar, weil sie das eigene Überleben erleichterte. Unerwünschte, das hieß arme Ausländer, sollten deswegen mit drastischen Strafen abgeschreckt werden, von Folter und Brandmarkungen bis zur Hinrichtung. Seit den Krisenzeiten des 17. und 18. Jahrhunderts versuchten die Gemeinden zunehmend, auch ihre eigenen unterstützungsbedürftigen Armen in sogenannten Bettlerfuhren zwangsweise in die Nachbargemeinde oder über die Landesgrenze abzuschieben.

Das Heimatrecht verlieren konnte man ziemlich schnell, in Deutschland ebenso wie in der Schweiz. Der Übertritt zu einer anderen, »falschen« Konfession genügte. Ebenso mit dem Verlust der Heimatberechtigung bestraft wurde die Heirat mit einer oder einem Andersgläubigen oder Auswärtigen ohne behördliche Erlaubnis. 1711 wurde im Schweizer Kanton Zug verordnet, verbotenes Betteln sei mit dem Entzug des Heimatrechts zu bestrafen. Auch die illegale Anwerbung als Söldner und die Desertion wurden damit geahndet; längere Abwesenheit vom Heimatort ohne besondere Genehmigung ebenfalls. Schon für befristete Aufenthaltsgenehmigungen, sogenannte

Toleranz-Scheine, mussten Auswärtige im Deutschen Reich im 17. und 18. Jahrhundert Gebühren zahlen und beträchtliche Geldsummen hinterlegen. Als Auswärtige galten im Flickenteppich der vielen kleinen Fürstentümer und Reichsstädte auch die Einwohner benachbarter Territorien. Für hohe Summen ins Heimatrecht einkaufen mussten sich in der Eidgenossenschaft bis 1848 auch Bürger anderer Schweizer Kantone.

Mit der deutschen Romantik, mit der sie häufig in Verbindung gebracht werden, haben die Beschwörungen der Heimat aber nichts zu tun, so Scharnowski – im Gegenteil. Aus der konkreten Heimat zog es die Protagonisten der romantischen Kunstreligion eher fort. Ihre Träger waren etwa für Achim von Arnim Vagabunden, Soldaten, Bettler und Zigeuner sowie umherziehende Schauspieler. Romantiker wie Friedrich Schlegel und Novalis formulierten neue, kühne Definitionen für zentrale ästhetische und politische Begriffe: Heimat war nicht darunter. Auch bei Joseph von Eichendorff war Heimat kein Ort, sondern als Vorstellung einer ›ewigen‹ Heimat ein immaterielles Erinnerungsbild mit religiösen Konnotationen – »eine Weltflucht der Innerlichkeit«.[20] Während »der wahrhaft Gebildete« in der ganzen Welt seine Heimat habe, wusste das »Encyclopädische Wörterbuch der medizinischen Wissenschaften« noch 1841, zeige sich »die Liebe zur Heimath mit der grössten Energie bey den ganz uncivilisirten Völkern«.[21]

In den radikalen sozialen und ökonomischen Umbrüchen der Jahrzehnte nach 1830 wurde Heimat in der Literatur ein positiv besetzter Begriff – es waren dieselben Jahrzehnte, in denen sich die traditionellen Unterstützungsansprüche auflösten, die mit der Zugehörigkeit zur Gemeinde und dem Heimatrecht verbunden gewesen waren. Während Millionen

Deutsche und Hunderttausende Schweizerinnen und Schweizer ihre Herkunftsregionen verließen und in die entstehenden industriellen Zentren oder nach Übersee auswanderten, bekam das Wort Heimat eine neue Bedeutung. Tausende, klagte ein Berner Regierungsrat 1850, seien »heimath- und rechtlos« gemacht worden. In sozialkritischen realistischen Erzählungen wie den erfolgreichen Schwarzwälder Dorfgeschichten des jüdischen Autors Berthold Auerbach stand »Heimat« als Raum für Zugehörigkeit, Bindung und Anerkennung.[22]

Damit verwiesen beide auf vergangene Zustände und frühere soziale Ordnungen. Sie erschienen im Nachhinein als eine überschaubarere geordnete Welt, die nun verloren war. Dieser neue Begriff von Heimat ließ am Ende des 19. Jahrhunderts immer neue Komposita entstehen, vom Heimatverein bis zum Heimatmuseum – alle gegründet zur Erhaltung verschwindender älterer Alltags- und Lebensformen. Der Heimatschutz wurde in Deutschland wie in der Schweiz rasch eine breite und erfolgreiche Bewegung; am zweiten internationalen Kongress der Heimatschutzvereine 1912 in Stuttgart nahmen Delegationen aus fast allen europäischen Ländern teil, inklusive einer Delegation aus Japan.[23]

Am einfachsten lässt sich der Umbruch in Zahlen ausdrücken. Zwischen 1850 und 1900 war im Deutschen Reich der jährliche Konsum von Zucker pro Kopf von 2 auf 13 Kilogramm gestiegen, der von Schweinefleisch von 8 auf mehr als 25 Kilogramm. Zu Zeiten der Romantiker, um 1800, hatte der jährliche Papierverbrauch pro Kopf in Deutschland etwas unter einem halben Kilogramm gelegen; pro Jahr erschienen etwas weniger als 2600 Bücher. Bis zum Ende des Jahrhunderts war die Zahl der jährlich neu auf Deutsch erschienenen Titel auf fast das Zehnfache gewachsen; der Papierverbrauch pro Kopf hatte sich durch die billigen auflagenstarken Zeitungen mehr als verdreißigfacht.[24]

Denn nicht Wälder, Berge oder menschliche Ansiedlungen waren die Heimat der Heimat. Sondern bedrucktes Papier. Und diese Heimat sollte ab den 1880er Jahren kein konkreter Ort mehr sein, sondern die Nation. Die hatte ja für Zucker, Schweinefleisch und Zeitungspapier gesorgt; dementsprechend intensiv gebrauchte die Kriegspropaganda des Ersten Weltkriegs das Wort. Es wurde synonym mit »Nation« und »Vaterland«, stand aber für idyllische vergangene Zustände, die durch kollektive Anstrengungen verteidigt und wiedergewonnen werden müssten.[25]

Auch in der Schweiz ging es beim Heimatschutz nie nur um Landschaften und Ortsbilder. Der Zürcher Armenpfleger Carl Alfred Schmidt hatte schon 1899 vor dem »Verlust der Heimat« durch die »Invasion« von Ausländern gewarnt. 1912 sagte er in der Schrift »Die Schweiz im Jahr 2000« den vollständigen Untergang der Heimat durch »Verfremdung« voraus – spätestens im Jahr 1970 werde es soweit sein. »Das Schweizervolk und die Fremden vom Standpunkt des Heimatschutzes« hieß der Vortrag, im dem der Ingenieur Max Koller 1916 das Verbot der Einbürgerung aller Slawen, Juden und »Orientalen« forderte. Und für Max Ruth, leitender Beamter der 1917 gegründeten eidgenössischen Fremdenpolizei, stand im März 1933 fest, dass die Schweizer Heimat »übervölkert und überfremdet« sei, wie er in einem Rundschreiben zum neuen Ausländergesetz formulierte.[26]

Heimat wurde dabei zu einem umso machtvolleren Begriff, je weniger sie mit realen vergangenen Zuständen verbunden werden musste. Im Gegenteil: Je unwirklicher die Bilder von der vermeintlichen Idylle von früher ausfielen, desto größere Wirkung entfalteten sie. Im Namen von Bedrohung und Verlust wurden sie neu hergestellt, reinszeniert und dabei von allem Unpassenden gesäubert.

Heimat ist seither gleichzeitig eine Kränkungsgemeinschaft und ein Selbstverbesserungsprojekt: Was immer mit dem Begriff jeweils genau gemeint ist, es soll optimiert, gerettet, gepflegt und für die eigenen Nachfahren bewahrt werden. Deswegen gibt es keine Geschichte der Heimat ohne Lehrer und Pfarrer. Heimat ist also gleichzeitig unwiderruflich in der Vergangenheit verschwunden und eine Aufgabe für die Zukunft, die angestrengte Honoratioren vor Mikrophonen verkünden.

Das ging und geht nicht nur mit Idyllen vermeintlich intakter und homogener ländlicher Lebensformen, sondern auch mit konkreten Orten in der Stadt. Der Kunsthistoriker Gerhard Vincken hat in seiner Studie »Zone Heimat« gezeigt, wie die mittelalterliche Altstadt von Basel, die zuvor als schmutzige soziale Problemzone wahrgenommen worden war, in den 1930er Jahren als »Heimat« umgebaut, restauriert und neu konzipiert wurde – im Namen der Rettung der eigenen Vergangenheit.[27] Heimatwehr hieß dagegen die Organisation, die zur gleichen Zeit ein ehrgeiziger schweizerischer Politiker namens Arthur Fonjallaz zur angeblichen Verteidigung eidgenössischen Bodens und schweizerischer Eigenart 1933 gründete. Direktes Vorbild war dabei die ständestaatlich-katholische österreichische Heimwehr. Finanziell unterstützt wurde Fonjallaz von Mussolini – ein schönes Beispiel dafür, wie dehnbar der Begriff Heimat in der politischen Praxis gewöhnlich gebraucht wird.[28]

Erfolg hat der selbsternannte schweizerische Faschistenführer damit nicht gehabt. Aber Heimat war seit dem Beginn des 20. Jahrhunderts endgültig zu etwas geworden, das ununterbrochen verteidigt werden musste. Heimat darf deswegen auch nicht einfach sich selbst überlassen werden, sondern muss vor Publikum aufgeführt werden – ab dem Ersten Weltkrieg musste man dafür in der Eidgenossenschaft eben die richtige »Schweizerart« vorzeigen, und in Deutschland das Deutschsein.

Seither ist der Begriff Heimat in einer besonderen Zeitzone angesiedelt, einer perspektivischen Nahvergangenheit, die vom Sprecher selbst und dem ›wir‹, das er erzeugen und verkörpern möchte, nicht zu trennen ist. »Wir sind Heimat.« Seither wird auch behauptet, dass der Begriff im Deutschen einzigartig sei und in seiner Tiefe, Breite, Fülle usw. nicht in andere Sprachen übersetzbar – auch wenn das ganz offensichtlich Unfug ist. Tschechische, polnische und russische Intellektuelle haben im 19. Jahrhundert ebenfalls betont, dass es in ihren Sprachen jeweils ein besonderes und radikal unübersetzbares Wort für Heimatempfinden gebe.[29] Die meisten europäischen Sprachen kennen ähnliche politisch aufgeladene Gefühlsvokabeln, die unzugänglich gewordene eigene Ursprünge evozieren. Aber Eisenbahnen, Auswanderungswellen, Industrialisierungsschübe und ihre literarische Bewältigung sowie die Papierfluten der nationalistischen Propaganda sind ja auch nicht einzigartig für Deutschland oder die Schweiz.

Rückkehr in die Endlosschleife

Home, homeland, homely. »Home is where you start from«, schrieb T. S. Eliot melancholisch – der amerikanische Dichter, der sich unbedingt in einen Briten verwandeln wollte, von den Tweedjackets bis zum Akzent. Aber stimmt das? Seine kanadische Kollegin Elizabeth Bishop hat eine Generation später eine andere Definition vorgeschlagen, nachdem sie selbst von einem zehnjährigen Aufenthalt in Brasilien zurückgekommen war. »Pity should begin at home«, ließ sie 1971 ihr poetisches Alter Ego überlegen, den nach England heimgekehrten Robinson Crusoe. »So the more Pity I felt, the more I felt at home.«[30]

Das wäre doch schon einmal eine erste Definition. *Home* und Heimat sind Territorien des Selbstmitleids. Deswegen sind beide Begriffe auch so stimmungsgeladen, im Gegensatz zu anderen Worten mit ähnlicher Bedeutung: Bei »Erstwohnsitz« oder »Staatsbürgerschaft« ist das nicht so. Wer Heimat und *home* sagt, will keinen geographischen Ort bestimmen, sondern seine eigene Befindlichkeit erklären. Beide existieren als perspektivische Illusion, als Versprechen auf Rückkehr in eine optimierte eigene Vergangenheit, die aber in der Zukunft liegt. Eine Endlosschleife, deswegen so robust.

Der ostdeutsche Dichter Heiner Müller überließ 1994 in »Kitsch leben, nicht lesen« die Begriffsklärung seiner Gattin. »Meine Frau«, schrieb er, »sagt: ›Heimat ist dort, wo die Rechnungen ankommen.‹« Und setzt dazu: »Ich finde das sehr gut. Für mich wäre Heimat, wo man für nichts bezahlen muss.« Heimat, so gesehen, ist das genaue Gegenteil von einem anderen

Wolkenbegriff, der im Deutschen ähnlich gern mit der ersten Person Singular und Plural verknüpft wird: Leistung. Und wie bei der Leistung handelt Heimat vor allem von den Absichten der- oder desjenigen, der diesen Begriff als emphatisches Wir-sind-uns-doch-alle-darüber-einig gebraucht.

Fazit? Heimat 1 wäre demnach der Sehnsuchtsort eines Nicht-Hier und Noch-Nicht, sie liegt in der Zukunft. Heimat 2 dagegen liegt in der Vergangenheit, als Nicht-Mehr. Beide stehen für Abwesendes und lassen sich gerade deshalb mit so intensiven Sehnsuchtsbildern aufladen. Beide sind fiktiv und deswegen so wirksam. Und beide haben kognitive Kosten. Beschwörungen von Heimat 2 als vermeintlich verlorene Idylle wollen von wirklichen Lebensbedingungen, Hierarchien und Abhängigkeiten von früher nichts wissen. Utopien von Heimat 1 als jener zukünftigen heilen Welt, »die allen in die Kindheit scheint und worin noch niemand war«, wie der marxistische Philosoph Ernst Bloch 1956 im letzten Satz seines »Prinzip Hoffnung« schrieb, müssen die christliche Aufladung des Konzepts ignorieren. Heimat 1 und Heimat 2 müssen schließlich beide so tun, als ob es die jeweils andere Bedeutung des Begriffs nicht gäbe.

Identitätspolitik machen ja immer die anderen. Wir dagegen, wir sagen einfach, wie es ist. Heimat ist imaginäre Familienaufstellung. Den Begriff Vaterland verwendet mittlerweile fast niemand mehr, es sei denn am äußersten rechten Rand des politischen Spektrums, als Provokation, oder ironisch. Könnte man deswegen »Heimat« durch »Mama« ersetzen? Dann könnte man einfach Mamaland sagen. Und Mamaromane, Mamamuseen, Mamafilme. Heimat als Regression erlaubt, Kategorien des großen Ganzen – »Wir! Unsere Geschichte!« – mit hochpersönlichen subtilen Erinnerungen an Details – Landschaft, Gerüche, Dialektwendungen – zu verschmelzen. Heimat ist eine Art historisches Polstermöbel, nachträgliche Dekoration und ein schönes Beispiel dafür, wie komfortabel man sich mit und in etwas einrichten kann, das sich im Wesentlichen als Mangel, Lücke und Phantomschmerz manifestiert, auf anheimelnde, bequeme und kuschelige Weise.

»Heimat«, so steht seit 1997 in großen Messingbuchstaben in vier Sprachen vor der Hamburger Kunsthalle, »ist kein Ort, sondern eine Gemeinschaft der Gefühle.« Der Ich-Gefühle, muss man wohl hinzufügen. Hat Herbert Grönemeyer das zitiert in seinem Hit von 1999, »Heimat ist ein Gefühl«? Aber wer behauptet, dass Heimat ein Gefühl ist, der will sich damit vor allem laut selbst versichern, dass er sich dabei einfach nicht irren könne. Deswegen ist es ja ein Gefühl.

In welche Richtung geht es also zur Heimat? Immer den traurigen Männern mittleren Alters hinterher. »Se hamdrahn«, wörtlich: heimgehen, wird im Dialekt der Stadt, aus der ich stamme, für den Selbstmord verwendet. »Der hod se hamdrahd.« »Drah di ham« ist in Wien eine dementsprechend aggressive Aufforderung. Hallo, süße Heimat.

Willkommen am interessantesten Ort der Welt, der eigentlich ein Zustand ist: der Alltag. Er liegt im faszinierenden Land Banalistan, in dem ich und wir alle mehr als einem Wir-Kollektiv angehören, mehr als einer Familie, einem Verein, einer Partei und einer mehr oder weniger geheimen Schwestern- oder Bruderschaft, digital oder analog. Egal wo wir unsere jeweilige Heimat verorten, hier sind wir, ähm: zu Hause.

Banalistan ist ein besonderer Ort. Alle seine Bewohner sagen, dass sie ganz locker seien, entspannt, gemütlich. Aber sie erwarten viel voneinander. Banalistan ist das Land der unerfüllbaren Aufgaben. Wir wären unglaublich einig, aber frei, wir wären stark, aber liebevoll, wir wären solidarisch und erfolgreich, wenn wir nicht von den verklemmten anderen daran gehindert würden. Jede Wir-Gruppe hält sich selbst für freier von Illusionen und Zwangsvorstellungen als diejenigen, die sie als ihre Unterdrücker ansieht.

Willkommen im Land der unerfüllbaren Aufgaben, Hochkulturvariante: Alles außerhalb unserer heiligen Schriften – der literarisch hochwertigen, der richtig guten Bücher, Filme, Opern – ist nur Attrappe, Kommerz, Fälschung und Täuschung. Willkommen im Land der unerfüllbaren Aufgaben, Gegenkulturvariante: Alles außerhalb des Kampfes – des einzig entscheidenden Engagements für die richtige, große Sache – ist nur Illusion, kleinmütiger Kompromiss und Feigheit. Auf Dauer sind beide Haltungen schwer erträglich und sehr anstrengend. Als Kulisse für die eigene Selbstdarstellung und als Reservoir für Selbstmitleid sind sie aber unwiderstehlich.

Winterthur, Schweiz, Frühjahr 2020: Auf der Autobrücke am Stadtrand war mit dicken schwarzen Buchstaben gemalt: »No Border, no Nation, Love Antifa.« Links und rechts davon lagen Kleingärten, und in denen waren an diesem Sonntag Flaggen gehisst, dicht nebeneinander, wie in Schrebergärten an Feiertagen üblich, über jedem Gartenhaus eine andere: italienische, türkische, schweizerische, serbische, der Kosovo-Doppeladler usw. Die verschiedenen Formen von Selbstauskunft, das trotzig-vergnügte Ich und das emphatische Wir, können nie nahtlos zusammenpassen, aber sie erzeugen interessante Paradoxa. Im geräumigen Alltag existiert das starke Wir-Gefühl von »Love Antifa« und der Forderung nach Abschaffung von

Grenzen und Nationalstaaten im Namen der benachteiligten Ausländerinnen und Ausländer problemlos neben den Nationalflaggen in den Schrebergärten.

In meinem bürgerlichen Wohnquartier in Luzern sind ständig zwei sehr große Schweizerfahnen zu sehen. Eine weht über der Brauerei. (Sie ist im Besitz eines niederländischen Konzerns.) Die andere auf dem großen Alters- und Pflegeheim. In ihm arbeiten fast nur Ausländerinnen. Ist das Schweizerkreuz an diesen beiden Orten wirklich der Ausweis von triumphierendem Stolz, ein Zeichen dafür, dass hier, genau hier, die Heimat sei? Im Spätherbst 2020 wurde die Schweizerfahne auf dem Dach des Pflegeheims stillschweigend entfernt, nachdem in der zweiten Welle der neuen ansteckenden Krankheit erneut viele tausend Betagte in Heimen und Krankenhäusern gestorben waren. Darüber sollte keine Nationalflagge flattern – oder war das Zufall?

Beschwörungen der Heimat als Selbstauskunft und emphatische Selbstverbesserung sind empfindlich. Sie mögen keine unvorhergesehenen Störfälle. Ende Januar 2021 wurde die britische Staatssekretärin für Arbeit und Renten in einem Fernsehinterview gefragt, wieso Großbritannien die weltweit höchste Rate tödlicher Covid19-Verläufe habe. Wegen der überdurchschnittlich alten Bevölkerung und des weit verbreiteten Übergewichts, antwortete sie. »Sie sagen uns hier also«, resümierte der Interviewer jovial, »dass wir Briten einfach zu alt und zu fett sind.« Das sei beleidigend, antwortete die Staatssekretärin empört. Sie habe nichts dergleichen gesagt, und beendete das Gespräch.[31]

Das ist die Macht des Wir. Wir ist nicht nur Erlaubnis, sondern auch Pflicht. Wer das Wir im Mund führt, darf sehr viel, denn das nationale Wir ist ein Selbstverbesserungsprojekt, das ganz selbstverständlich eine vermeintlich glorreiche Vergangenheit mit einer erfolgreichen Zukunft verschweißt, und die Selbstauskunft mit dem utopischen Selbstbild. Aber dieses triumphierende kleine Pronomen ist empfindlich. Andere Kollektive können ohne Weiteres Opfer fehlgeschlagener oder verspäteter medizinischer Maßnahmen werden. Und andere Gemeinschaften selbstverständlich überaltert und übergewichtig sein. Aber doch nicht Wir, wir mit dem großen W.

4. Auf Klassenfahrt

»Ungenauigkeit hat eine große und erhebende Kraft.«

Robert Musil

Eine Sache möchte das Reden über die Heimat gerne zum Verschwinden bringen, obwohl bei mir im freundlichen Banalistan jeder weiß, dass es sie gibt: die sozialen Unterschiede zwischen seinen Bewohnerinnen und Bewohnern. Mein Geburtsort, die österreichische Bundeshauptstadt Wien, hat 23 Bezirke. Ziemlich viele von ihnen haben einen Klassenzugehörigkeitsindex.

Er muss nicht explizit ausgesprochen werden, die Eingeborenen wissen, welche Postleitzahl wofür steht, was Favoriten heißt oder Simmering. Hietzing dagegen, gedehnt und leicht näselnd Hieh-tzing ausgesprochen: großbürgerlich, geldig, göh-dig, sagen die Wienerin und der Wiener. Das Dialektwort hat, wie viele andere, ebenfalls einen eingebauten Klassenzugehörigkeitsindex. Die Klasse kündet von sich selbst, aber implizit.

Ich komme aus Wien-Döbling. Auch dieser Bezirk wird leicht näselnd und gedehnt Döh-bling ausgesprochen. Dort wohnen die »Gstopftn«, noch ein abfälliger proletarischer Dialektausdruck für die Besserverdiener in den Villenquartieren unter den Weingärten am feinen nördlichen Stadtrand. Dazwischen gibt es auch Gemeindebauten, Sozialwohnungsblocks, unten in Heiligenstadt am Donaukanal den berühmten Karl-Marx-Hof, weiter oben den Hang hinauf solche aus den späten 1950er und 1960er Jahren. In einem von denen bin ich aufgewachsen. Einheimische hören mir meine Herkunft bis heute an, auch nach fast vierzig Jahren Aufenthalt in Deutschland und in der Schweiz, am Zungenschlag. »Sie kommen aus einem bürgerlichen Wiener Bezirk, aber Ihre Eltern aus Oberösterreich oder Salzburg«, hat mir auf einem Historikerkongress vor ein paar Jahren ein mir unbekannter älterer Landsmann auf den Kopf zugesagt. Stimmt. Er war mit feinem Distinktionsgehör ausgestattet.

Denn darum geht es: Distinktion, Unterscheidung. Hören, wo einer hingehört. Das ist nämlich auch Heimat: Wenn die anderen nicht nur ganz genau wissen, wo Du herkommst, sondern auch, wo Du hingehörst. Soziale Herkunft ist ein Code, den alle kennen und den man nicht ohne weiteres wieder los wird. Er klebt an der Wohnadresse, an der Kleidung und an den Schuhen, am Dialekt. Er ist umso machtvoller, als er meistens unausgesprochen bleiben kann.

Döh-bling

In dem Döblinger Gemeindebau, aus dem ich komme, wohnten Facharbeiter, Supermarktkassiererinnen und Straßenbahnschaffnerinnen neben dem ehemaligen Intendanten der Wiener Festwochen, zwei Burgschauspielern, dem Sportchef des österreichischen Fernsehens und der Gattin eines berühmten

Wiener Kabarettisten plus Sohn. Die Wohnblöcke waren durchmischt. Meine Eltern, er ein nicht sehr erfolgreicher Architekt, sie ehemalige Journalistin, mussten nie erklären, wohin sie gehörten. Die Unterscheidung zwischen den Bürgerlichen und den Proletarischen war stumm, aber immer deutlich fühlbar, sie lief über Dialektgebrauch, Schulbesuch, Selbstdefinition. Meine Eltern waren irgendwie etwas Besseres, obwohl wir nicht mehr Geld hatten als die meisten Nachbarn. Die Freunde, die meine Brüder und ich als Teenager nach Hause brachten, wurden von meinen Eltern in passende und unpassende eingeordnet. Die Freundinnen auch. Schließlich gingen meine Brüder und ich aufs Gymnasium, zu den Kindern der besseren Leute.

Als Teenager fand ich sie sehr anziehend, die besseren Leute, die Schulfreunde aus den Villen. Die großen Wohnungen ihrer Eltern auch, in denen ich gerne zu Besuch war und an langen Nachmittagen die neuen Platten hörte, die ich nicht hatte, auf schicken HiFi-Anlagen, die es bei mir zu Hause nicht gab. Bei uns gab es Bücher. Bei denen gab es Hausbars, Partykeller und Frank Zappa. Ich schämte mich für die kleine Wohnung meiner Eltern, für die Enge und für den Gemeindebau. Klassenzugehörigkeit ist das, was einem peinlich ist.

Am Ende der 1970er Jahre kam das Heroin nach Wien. Es war teuer, deswegen kam es in die großen Wohnungen schneller als in die Gemeindebauten. In dem Jahr, in dem ich Abitur machte, gab es Partys in den Partykellern, bei denen plötzlich Döblinger Gymnasiastinnen und Gymnasiasten starben, Überdosis, und Ermittlungsverfahren gegen Söhne prominenter Eltern wurden eingeleitet, aus denen dann nichts geworden ist. Das ist nicht Teil des öffentlichen Gedächtnisses über das Wien des Jahres 1980, aber passiert ist es trotzdem.

Auf einer Konferenz des Max-Planck-Instituts für Geschichte, wurde mir später erzählt, hätten sich in den 1980er Jahren deutsche, amerikanische und britische Historiker darüber gestritten, welcher analytische Klassenbegriff welche Rolle für die Geschichtswissenschaft spielen könne oder müsse, Basis oder Überbau, Struktur oder Kultur. Drei Tage wurde diskutiert, so die Anekdote, Tag und Nacht, immer erbitterter und verzweifelter, bis am Schluss der verehrte Kollege Eric Hobsbawm die erlösende Formel aussprach: »Class happens.«

Klasse ist, wenn es stimmt. Wenn es passt, einfach so, wie von selbst. Ich hatte in den letzten Jahren im Gymnasium für eine Diplomatentochter geschwärmt – in meiner Klasse, aber nicht aus meiner Klasse. Zu ihr wurde ich nie nach Hause eingeladen, da konnte ich mich noch so sehr auf meine »Ich-hab-alles-gelesen-und-weiß-alles-besser!«-Hinterbeine stellen, wedeln und hecheln. Ich schaute sie an, aber sie schaute durch mich hindurch auf irgendetwas anderes, das definitiv nicht ich war und mit mir nichts zu tun hatte; auf etwas, das für sie stimmte, für mich aber so unerreichbar war wie ferne Galaxien. Es war komplett hoffnungslos. Ich habe nicht einmal herausbekommen, welche Musik sie hörte. »Klassische Musik, meistens«, sagte sie auf meine Frage, mit fein hochgezogenen Augenbrauen. Ihre Augenbrauen waren großartig. Sie sprach makelloses Hochdeutsch, das machte sie noch exotischer und anziehender. Nach der Matura verschwand sie mit wehendem Faltenrock Richtung Juristische Fakultät.

Dann ging ich weg aus Wien, die BRD war aufregender, die Möglichkeiten waren größer und die Nebenerwerbsjobs, die ich zum Studieren brauchte, deutlich besser bezahlt. In dem linksalternativen Milieu, in dem ich dort landete, war Klassen-

zugehörigkeit etwas, das analysiert werden musste, proble-
matisiert, aber vorzugsweise theoretisch in den Soziologie-
seminaren. Ansonsten war diese Zugehörigkeit emphatisch
verkündete Gefühlssache: intensiv, aber unscharf. Wir ließen
auf Demonstrationen die internationale Solidarität hochleben,
skandierten im Angesicht langer Reihen behelmter Bereit-
schaftspolizisten vor Wasserwerfern »Feuer und Flamme für
diesen Staat« und, selbst einheitlich mit Motorradmützen und
schwarzen Lederjacken kostümiert: »Ich bin nichts / ich kann
nichts / gebt mir eine Uniform«.[1] Es war ein paar Jahre lang aufregend und auf verquaste romantische Weise manchmal auch
sehr schön, diesem großmäuligen narzisstischen Trachtenver-
ein anzugehören.

Die radikale Gegenkultur, das lernte ich in dem aufgereg-
ten, engagierten Milieu in Marburg, Hannover, Hamburg,
hatte aber nicht weniger strenge Hierarchien des moralisch
Hochstehenden als die konservativen katholischen und kul-
turprotestantischen Meinungskollektive, von denen sie sich so
scharf absetzte. Auch hier wollten die Weltbilder geschlossen
und ohne innere Widersprüche präsentiert werden. Wer sich
über aufgeregte interne Verräterdebatten lustig machte oder
andeutete, das sei alles möglicherweise ein bisschen komplizierter mit der Solidarität mit dem bewaffneten Kampf, mit den
Sandinisten in Nicaragua und ihrem Umgang mit innenpoli-
tischen Gegnern, der wurde beim ersten Mal verwarnt, beim
zweiten scharf und persönlich angegangen, und beim dritten
Mal verstoßen.

Ist das der Grund, warum heute nur relativ wenige Autoritäten der Jahrgänge 1958 bis 1964 – Pfarrerinnen, Gymnasial-
direktoren, Firmensprecher, Professorinnen und Großschrift-

steller, Feuilletonredakteure und Bundestagsabgeordnete, alles Stützen der Gesellschaft – gerne über die Lebensphasen zwischen ihrem 18. und 30. Lebensjahr berichten, als viele von ihnen aufgeregte politisch Engagierte gewesen sind, auf Hausbesetzerdemos und Bauplatzbesetzungen, in Redaktionskollektiven und Vollversammlungen? Es war aufregend und schön. Und zwischendurch peinigend und peinlich. Irgendwann schieden sich die Wohngemeinschaften in zwei Hälften. Diejenigen, die ihr Studium fertig machten; und die anderen, die jobbten, zuerst mehr, dann weniger, und irgendwann Richtung Sozialhilfe und toxische Substanzen abdrifteten. Sehr häufig lief das parallel zu dem, was man damals vorsichtig »familiärer Hintergrund« nannte.

Ich machte mein Studium fertig. Im Westdeutschland der 1980er Jahre kamen mir die Klassenverhältnisse durchlässiger vor als in Österreich, und mein bildungsbürgerlicher linksradikaler Überschwang war guter Treibstoff, eine Rucksackrakete aus Büchern: Man konnte damit weite, hohe Sprünge machen, wenn man sich traute, coole Zitate auszuspucken und an bürgerlichen Abendessentischen in gemäßigtem Wiener Dialekt amüsant mit neuen Texten und Filmen zu fuchteln. Akademisches Schreiben und erst recht Schreiben fürs Feuilleton war Selbstverwandlung, wie das Zauberwort *mutabor* in dem Märchen von Wilhelm Hauff. »Ich werde verwandelt werden« – und zwar in das, was ich selbst werden wollte.

Wenn alles stimmt

Das andere Mittel der Selbstverwandlung in Sachen Klassenzugehörigkeit waren Liebesgeschichten. Liebesgeschichten
sind Transportverträge. Wie in den Bildungsinstitutionen geht
es um Verwandlung durch Bewegung, hinein in die schönen
Wohnungen der anderen. Und dort wollte ich hin, in die großen Zimmer mit den weißen Doppeltüren und den hohen Decken in den eleganten Häusern am richtigen Ende der Stadt.

1990er Jahre: Die eine Liebesgeschichte, norddeutsches Lehrerkind, betrachtete nachdenklich meine Nachttischlampe.
Wagenfeld, die mit dem Glasfuß, der Klassiker. »Ich glaube«,
sagte sie, »Du wirst einmal Professor. Alle, die diese Lampe zu
Hause stehen haben, werden Professoren.« (Offenbar kannte
sie sich da aus.) Eine andere Liebesgeschichte, ein paar Jahre
später, auch Lehrerkind, spöttisch: »Der Bub kann schon aus
Döbling weggehen. Aber Döbling wird nicht aus dem Buben
weggehen.« Sie kam aus Niederösterreich, kennengelernt hatten wir uns als Post-Docs in Deutschland. Bürgerlicher Hintergrund, aber mit mehr Geld als bei mir. Ihr damaliger Freund
kam aus Döbling. Im Jahrzehnt darauf ist er übrigens Professor
geworden, wie sie und ich auch. Das ist im Nachhinein amüsant, aber irgendwie auch ein bisschen peinlich.

Aber vor wem? Klassenzugehörigkeit geschieht wortlos und
mit großer Selbstverständlichkeit. Sie nimmt dabei gewöhnlich die Form der nachträglichen Erzählung an – Erzählung
als Erklärung. Didier Eribon kann im letzten Drittel seines
berühmt gewordenen Buchs über Klassenverhältnisse, »Rückkehr nach Reims«, nach all seinen Mühen und Demütigungen

nicht erklären, auf welche Weise er selbst an der Universität Erfolg gehabt hat, ziemlich großen und dauerhaften Erfolg. Und wie er die richtigen Leute kennengelernt hat, trotz seiner proletarischen Herkunft. Oder er möchte es nicht erklären.

»Es geht eben nicht um präzise Begriffe«, hat ein deutscher Soziologie 2018 in einem lesenswerten Essay über Klassenverhältnisse geschrieben, »sondern um Bilder.« Diese Bilder drängten sich uns weiterhin ins Bewusstsein, wenn die Worte »Klasse«, »Arbeiter« und »Prolet« fallen – Bilder von qualmenden Fabriken, ölverschmierten Overalls und geschundenen Körpern. Sie seien heute veraltet, weil unsere soziale Realität ihnen nur in seltenen lokalen Resten entspreche. Das führe aber nicht dazu, dass die Bilder historisiert werden. »Im Gegenteil: Sie werden zum Eigentlichen, zum verlorenen Eindeutigen.«[2] Diese nostalgischen Vorstellungen hat man freilich nie selbst. »Bei mir ist das alles viel komplizierter!« Man findet sie immer in den Köpfen der anderen wieder.

Woran kann man dann im 21. Jahrhundert die Klassenzugehörigkeit erkennen, live und in Echtzeit? Ich bekam einen Job an der Universität einer schweizerischen Kantonshauptstadt. Alles war sehr kultiviert, fand ich. »Bürgerlich« stand für die wirtschaftsliberalen Mitte-Rechts-Parteien; innerhalb des linksliberalen akademischen Milieus war es eine ironische Selbstdarstellungsvokabel. Als ehrgeiziger Universitätsassistent wurde man zu bürgerlichen Abendessen in schöne Häuser eingeladen und dort wohlwollend vorgezeigt als pittoresker Anderer, inklusive Sammlerstolz auf das Fundstück: Schau, mein Zuwandererfreund. Echter Wiener. Oder echter Hamburger, Süditaliener, Spanier, eigentlich war das egal. Ich lernte viele interessierte und überaus freundliche Leute kennen. Das

Gefühl, auf ihren eleganten Wohnzimmersofas ein bisschen fehl am Platz zu sein und im falschen Moment im falschen Dialekt die falschen Geschichten zu erzählen, das blieb.

Denn der eigentliche Ort der Klassenzugehörigkeit in der kultivierten Kantonshauptstadt war nicht der Arbeitsalltag. Die soziale Unterscheidung war ausgelagert in die Erholung – ins Ferienhaus der Familie im Engadin, im Tessin oder in Südfrankreich. Und ins Skifahren. Das demonstrative Winterglück in knarrenden Plastikrüstungen, lernte ich, ist eine effiziente soziale Sortieranlage. Ausreichend gut Skifahren lernst Du dann, wenn Deine Eltern eine Ferienwohnung in den Bergen haben, in der Du alle Weihnachts- und Fasnachtsferien verbracht hast, und wenn sie genügend Geld für Deine Skischule und für Deine Ausrüstung ausgeben konnten. Deswegen ist Skifahren in Österreich, Deutschland und der Schweiz (und in anderen Ländern noch viel deutlicher) derjenige Sport, der Deine Klassenzugehörigkeit ausweist, wenn Du nicht in den Bergen aufgewachsen bist.[3] Denn die Zuwanderer- und Unterschichtkinder lernen eben nicht Skifahren.

Vor diesem Hintergrund wird auch die innige Verbindung von Skifahren und teuren Geländewagen mit Vierradantrieb gleich viel logischer, die bei mir in Banalistan unübersehbar ist, und die ständige Ski-Aufrüstung im Namen der Sicherheit auch – Rückenpanzer und Helm muss man jetzt mindestens haben. Plus riesige unterirdische Maschinen zur Kunstschneeerzeugung in Zermatt und im Pitztal. Deswegen dürfen Skigebiete auch nicht pleitegehen, Klimawandel und Corona-Hotspot Ischgl hin oder her. So viel Subvention muss sein.

Die richtige Oberklasse, das lernte ich auch in der kultivierten Kantonshauptstadt, sind ohnehin immer die anderen. Für diese einflussreichen alteingesessenen Familien gab es dort einen eigenen Dialektausdruck. Er war von einer gewissen poetischen Schönheit – »der Teig« hieß er – und bezeichnete nie die eigene Herkunft des jeweiligen Sprechers, so großbürgerlich wohlhabend der oder die sein mochte. Indem man über die anderen redete, redete man gleichzeitig über die eigene Position, eine kritische, aber sehr souveräne Position.[4]

Sex im Sozialreaktor

Denn Macht, noch eine Lektion aus der kultivierten Kantonshauptstadt, mag Kritik, sehr sogar. Und ich lernte, dass Töchter aus Familien mit schönen Ferienhäusern durchaus mit Zuwanderern ins Bett gingen. Aber ein festes Paar bilden und Kinder bekommen, das taten sie mit anderen, denen mit der richtigen Herkunft. Klassenzugehörigkeit heißt: Mit wem paarst Du Dich?

Der Kulturbetrieb erscheint sich selbst als glitzerndes Kaleidoskop, als munter rotierendes Karussell aus buntem Unterschiedlichen. Wenn man auf einer solchen Veranstaltung dem Gegenüber erzählt, wo man herkommt, ist gewöhnlich ein bisschen Flirten dabei. Das bunte Karussell dreht sich unter der Generaldevise, dass mit der Neukombination all dieser verschiedenen Geschichten, Bilder und Projekte die Welt da draußen verbessert werden soll. Die freundliche Menschenmischmaschine Kulturbetrieb verändert in Wirklichkeit allerdings sehr viel weniger die Außenwelt als das Leben der an ihr Beteiligten – auf ziemlich effiziente Weise. Auf den Vernissagen, Tagungen, Lesungen, Podiumsdiskussionen und Partys versammeln sich diejenigen, die von ihrer sozialen Herkunft her am besten miteinander kompatibel sind. Sie erkennen einander fleischlich, wie der schöne altmodische Ausdruck lautet, um neue Produktionsgemeinschaften zu gründen: Künstlerduos, *power couples*, Firmen. Entgegen häufig geäußerten wirtschaftsliberalen Besorgnissen ist der Kulturbetrieb deswegen alles andere als überflüssig. Er ist fleißiger Ameisenstaat und Sozialreaktor in einem. Unter dem Schlachtruf, dass die sozialen, ökonomischen und ästhetischen Hierarchien hier und jetzt endlich überwunden werden müssten, werden sie in ihm ständig neu erzeugt.

Mit der Wissenschaft ist es ähnlich. Universitäten, hat die deutsch-türkische Rapperin Dr. Reyhan Şahin alias Bitch Ray in einem 2019 erschienenen Buch geschrieben, seien im Wesentlichen Heiratsmärkte. Weil sie sich um drastische Sprache bemüht, sagt sie Fuckademia dazu. Ihre eigene Klassenzugehörigkeit und die Unterschiede zwischen »schwarzen« Türken ländlich-bäuerlicher Herkunft und »weißen« – städtisch-großbürgerlichen – erklärt sie auch. Seit sie sich die Pussy von einigen dieser hochnäsigen türkischen Rich-Kid-Akademiker habe lecken lassen, schreibt sie, gehe es ihr besser damit.[5]

Ich weiß noch, wie verblüfft ich beim Lesen dieser Passage war, und ein bisschen schockiert. Sex als Rache für Klassendünkel? War Sex nicht lustvolle Selbstbestimmung? Außerdem hatte ich heimlich geglaubt, nur ich würde bei den Klassenunterschieden den Sex immer mitdenken, niederträchtigerweise. Würde ich mit der? Würde es Vergnügen machen? Hm.

Machen Klassenunterschiede Vergnügen? Natürlich, wenn man sie zu dramatischen Szenen verdichtet und ordentlich hochfahren kann. Popmusik ist dafür besonders geeignet. Jarvis Cocker hat 1995 in seinem Lied »Common People« die Oberklasse-Kunststudentin auftreten lassen, die den Ich-Erzähler – auch er Student an der Kunsthochschule – unbedingt kennenlernen will. Aus Gründen der Klassenanalyse, könnte man sagen.

> »I wanna live like common people«, singt sie (beziehungsweise er),
> »I wanna do what common people do
> I wanna sleep with common people like you.«
> »What else could I do?«, antwortet er, »I'll see what I can do.«[6]

Das dazugehörige Album hieß »Different Class«, die Rückseite der Single »Underwear«. Offenbar traf das einen Nerv. Das Lied, schon 1995 sehr erfolgreich, wurde 2014 von BBC-Hörern zur besten Britpop-Single aller Zeiten gewählt.

Wenn man keine deutsch-türkische Rapperin ist und kein Britpop-Rocker, hat man zu solchen dramatischen Zuspitzungen leider nur selten Gelegenheit – wenn überhaupt. Ist der Sex als Ort der Klassendifferenz wirklich Wiedergutmachung, oder klebt er einen nicht umso fester an jene begehrten Eigenschaften des Gegenübers, die weiter unerreichbar bleiben? Zum Beispiel an die feine Distanz der besseren Leute; an ihre entspannte Eleganz in den Details, die so mühelos aussieht. Es passt einfach. Da steckt durchaus Arbeit drin, auch harte Arbeit, aber es ist eben die Arbeit an der Mühelosigkeit derjenigen, die es sich aussuchen können. Klassenzugehörigkeit kann man sich nicht aussuchen. Klassenangehörigkeit ist, wie Sex, anheimelnd, aber klebrig.

Die Wahrheit ist für mich schüchternen Döblinger wahrscheinlich auch ein bisschen zu klebrig, um sie so laut herauszutrompeten. Sich zu verlieben und ein Paar zu bilden, ist eine höchst persönliche Entscheidung und gleichzeitig das genaue Gegenteil von Eigensinn und Autonomie. Es ist das, was die Gruppe konstituiert, der man selbst angehört. Denn wir, *pace* Dr. Reyhan Şahin, gehen vorzugsweise mit Angehörigen unserer eigenen sozialen Klasse ins Bett, mit denjenigen, die den passenden Bildungsgrad haben, kompatible ästhetische Präferenzen, vergleichbare Einkommen und ähnliche Elternhäuser. Plus Schlafzimmereinrichtungen. Wahrscheinlich reden die Leute deshalb so viel, so laut und so trotzig vom Sex als Ausdruck ihrer Eigenständigkeit – als ob der Gebrauch der eigenen Geschlechtsorgane das sei, was sie am profundesten und zuverlässigsten von ihren eigenen Eltern unterscheide. Das ist aber eher unwahrscheinlich. In wenigen Momenten im Leben ist man der eigenen Herkunft so eng verbunden wie in jenen, in denen man mit einer anderen Person im Bett liegt. Wenn einfach alles stimmt.

In den großen Zimmern mit den weißen Doppeltüren und den hohen Decken in den eleganten Häusern am richtigen Ende der Stadt war dann oft gar nicht so viel Platz, fand ich heraus, nachdem ich dort angekommen war. Im Prinzessinnenschloss konnte es klamm, ungemütlich und sehr eng sein. Die freundliche Einladung dorthin enthielt zugleich die Forderung, Publikum und Dienstpersonal für das distinguierte Unglücklichsein zu sein, als Ohrenzeuge, Masseur und Chauffeur. Und Vorwurfseimer, denn Leiden an der Klassenlage gibt es auch anders herum. »Für Dich ist das alles ohnehin viel einfacher!«

Hier ist sie wieder, die Distinktion. Sie geschieht im Bett.

Meine akademischen Kolleginnen und Kollegen treten alle fest und lautstark für die Chancengleichheit und den Umverteilungsstaat ein und dafür, dass die Universität allen Bevölkerungsschichten offensteht, zum Glück. Sie arbeiten mit Foucault und Deleuze, mit Queer Theory und Hybridität, mit Intersektionalität und Cross Mapping, und sie haben fast alle Eltern mit akademischen Abschlüssen. (Ich auch.) Die Partner, Gatten, Geliebten, mit denen sie zusammenleben, haben ebenfalls mindestens ihren Master gemacht. Oder doch fast alle, zu 95 Prozent. Die gebildete Meritokratie pflanzt sich wie die ökonomischen Eliten, von denen sie sich so deutlich absetzen möchte, am liebsten und mühelosesten in ihrem eigenen Milieu fort.

Meine akademischen Kolleginnen und Kollegen reden ganz unverkrampft über Klassenzugehörigkeit, nur verwenden sie das Wort selbst nicht. Dafür ein anderes, das sofort auftaucht, wenn es um die Schulen geht, auf die sie ihre Kinder schicken. Sie reden nicht mehr von Proleten, wie es meine Eltern noch ganz selbstverständlich getan haben, oder, in der milderen paternalistischen Variante, von »Kindern einfacher Leute«. Sondern von Ausländern. Reiche Ausländer mit der passenden Klassenzugehörigkeit werden um mich herum nicht als Ausländer wahrgenommen und angesprochen. Die soziale Differenz ist in Deutschland, Österreich und der Schweiz ethnisiert. Ausländer mit Ausländerproblemen sind die ungelernten und niedrig bezahlten Hilfs- und Putzkräfte, Pfleger:innen und Fabrikarbeiter:innen, die nicht mehr Deutsch als Muttersprache haben. Diese sofort erkennbaren Anderen tragen von allen wortlos identifizierbare Zeichen ihres Andersseins an ihren Kleidern, Schuhen und ihrer Haltung.

Klassenzugehörigkeit ist eben etwas, was man tut. Oder eben einfach nicht tun kann, weil es nicht passt. »Man erkennt es am Putzen«, sagte meine dritte Liebesgeschichte. Sie war in der DDR aufgewachsen, als Tochter eines Oberarztes und einer Physikerin. Für sie war es eine Frage der Würde, das Putzen selbst zu erledigen. Für die anderen war es genau anders herum.

Vielleicht hatte meine Flamme aus den 1990ern doch recht mit der Nachttischlampe. Inneneinrichtung und Klassenlage sind eng miteinander verbunden.[7] Heute weiß ich: Wenn jemand eine Putzfrau beschäftigt und demonstrativ im Wohnzimmer platzierte Design-Klassiker – Lampen, Sofas, Stühle – besitzt, ist das nicht nur Indiz für den eigenen Aufstiegsehrgeiz, sondern geht, wenn die Person über fünfzig ist und festangestellt, so gut wie immer mit Kulturpessimismus einher. Der beginnt dann auch sehr schnell, die freundlichen Abendessengespräche zu beherrschen, in der luftdicht verpackten und scharf eingesalzenen akademischen Variante. Es ist nichts mehr so wie früher. Das wäre damals unmöglich gewesen. »Hast Du auch gelesen, dass jetzt ...? Es geht alles den Bach herunter.« Komisch eigentlich. So haben die meisten älteren Leute im Wien-Döbling der 1970er Jahre auch geredet.

»Ich weiß nicht«, sagte mein Bruder, nachdem er diesen Text gelesen hatte. »Bei mir war das ganz anders. Ich war stolz drauf, aus dem Gemeindebau zu kommen. Du warst einfach derjenige von uns, der immer was Besseres sein wollte. Und diesen Hang zu höheren Töchtern und deutschen und schweizerischen Chefinnen hast Du immer schon gehabt. Bist doch eh dort angekommen, wo Du immer hin wolltest. Und jetzt beklagst Du Dich darüber?«

Das wäre ja auch ein Fazit. Die Heimat Döbling – wer hätte
das gedacht? – ist überall. Jedenfalls für mich. Das eigenste Eigene ist das, worüber man sich beklagt. Und zwar gegenüber
jenen anderen, bei denen man dieselbe Zugehörigkeit vermutet. Und weil man ja immer neue Kränkungen findet, wenn
man erst einmal darüber nachzudenken begonnen hat, sind
das Ich und das Wir, die Herkunft und die Heimat auch etwas,
mit dem man nie fertig wird.

5. Bilder aus der Vergangenheit

> Der romantische Dichter Samuel Coleridge,
> auf die Frage, ob er an Geister glaube:
> *»Oh no, Madam. I have seen too many of them myself.«*

Aber Selbstauskunft ist mehr als nur Erzählen. Selbstauskunft braucht Bilder – Fotos, von mir, von meinen Freundinnen und Freunden, von meiner Geschichte, von meiner Herkunft. Am besten aus der Nähe und in Farbe, mit viel Details. Damit es richtig wirkt. »Gibt es davon auch ein Bild?« Natürlich.

Deshalb kann ich seit einigen Jahren meine Herkunft auch anschauen gehen – dort, wo man immer hingehen kann in Sachen Selbstauskunft, hingehen im übertragenen Sinn, durch Klicken in den digitalen Kanälen. »Vintage Vienna« heißt die 2012 gegründete Seite auf Facebook, die sich privaten Fotografien aus dem Wien des 20. Jahrhunderts widmete und zur Überraschung ihrer Betreiber ein großer Publikumserfolg wurde. Auf ihre Aufforderung, alltägliche Schnappschüsse aus dem Wien von früher an sie zu schicken, erhielten sie sehr viele Antworten, mehr als 10 000 Einsendungen innerhalb weniger Wochen, mehr als 50 000 im Lauf des ersten Jahres, von Privatpersonen.

Sie alle wollten die Bilder aus ihren Schachteln allen Neugierigen zur Verfügung stellen. Gerade das Alltägliche, Unspektakuläre und Banale an den Bildern machte sie so besonders. Straßenbahnen, Hausfassaden, Schulausflüge, der Alltag von 1973 oder 1962, etwas rotstichig manchmal, oder in Schwarzweiß aus den 1950ern. So war es damals in Banalistan. Ob Döbling oder Favoriten, die Frisuren und die Anzüge von damals kommen mir heute gleichzeitig fremd und beklemmend vertraut vor, und die Automodelle, Ladenschilder und Reklamen sehr cool. Das Verschwundene bekommt in der Rückschau Glamour und retroschicken Glanz. Im November 2020 hatten 124 063 Personen die Seite abonniert.[1]

Vergnügen an der Regression ist wohl auch ein bisschen dabei. Ist es Zufall, dass das dazugehörige Buch, 2013 erschienen, »Die Bilder unserer Kindheit« überschrieben ist? Schon wieder die erste Person Plural. Ganz gleichgültig, wer oder was wir heute sind: Wenn wir älter als dreißig sind, besteht unsere Nahgeschichte von früher aus Fotografien auf Papier.

Fotomassen

Mein Onkel war Mitte siebzig gewesen. Er hatte seit den 1950er Jahren als Fotograf gearbeitet und war überraschend 2004 gestorben. Seine Aufnahmen hatte er aufgehoben, alle, oder doch so viele davon, dass seine Münchner Wohnung gefüllt war mit Fotos, mit Schachteln voller Papierabzüge, Schachteln voller Negativrollen, Schachteln voller Dias. Sie füllten nicht nur die Regale und Schränke, sondern stapelten sich auch an den Wänden, in manchen Zimmern bis über die Fenster und so hoch, dass kein Licht mehr hereinkam. Fotografie heißt Schreiben mit Licht. Er hatte so ausdauernd das Licht in seinen Bildern festgehalten, dass seine gesammelten Fotos seine Wohnung in dauernde Dunkelheit versetzten.

Was tun mit all den Fotos? Ich setzte mich ans Telefon und bekam eine freundliche Dame vom Stadtarchiv München an den Apparat, die sich das geduldig anhörte. »Wissen Sie«, sagte sie am Schluss, »für Sie ist das außergewöhnlich, aber für uns nicht. Wenn Ihr Onkel nicht berühmt gewesen ist und Sie das nicht nehmen, können wir das auch nicht.« Und das hieße? »Das geht in die Mulde.«

Am Beginn des 21. Jahrhunderts sind alle Fotografien auf Papier und Polyester historische Massenbilder im Wortsinn. Das Ende der kommerziellen Analogfotografie in den letzten Jahren des 20. Jahrhunderts hat aus ihren Produkten Zeugnisse einer unwiderruflich vergangenen Epoche gemacht. Alleine in der Schweiz, einem vergleichsweise kleinen Land, sind in den 160 Jahren zwischen der Erfindung der Fotografie 1839 und dem Ende des 20. Jahrhunderts etwa 140 Millionen Fotografien entstanden. Davon sind heute noch etwa 50 Millionen vorhanden, also etwas mehr als ein Drittel, schätzt eine 2014 entstandene Studie. Etwas mehr als die Hälfte davon liegt in Archiven und Museen, der Rest in Firmen und Privatbesitz. Die älteren Nitratfilme können sich bei unsachgemäßer Lagerung selbst entzünden; die jüngeren Acetatfilme, die sich nach 1945 durchgesetzt haben, schrumpfen, die belichtete Schicht reißt und löst sich ab; Farbdias bleichen und verändern unwideruflich ihre Farben, bis zur völligen Unkenntlichkeit. Je jünger die Bestände, fasst die Studie zusammen, desto fragiler sind sie:

Die Hälfte aller untersuchten Institutionen könne ihre Fotos nur ungenügend konservieren.[2]

In dreißig Jahren wird es also sehr viele dieser 50 Millionen Fotos nicht mehr geben, und das in einem gut verwalteten Land, einem der reichsten der Welt. Fotografiert wurde aber ab 1840 überall: Von Europa und den USA bis nach Ägypten, Persien und Indien gab und gibt es überall bildersammelnde Institutionen, private Nachlässe und Fotografenonkel. Deswegen gibt es auch überall die Abfallmulden für die verblassten und unbrauchbar gewordenen Bilder von früher. Die Erhaltungschancen der Bestände aus den ersten Jahrzehnten der Fotografie sind durch Archivierung und Reproduktion und wegen ihrer relativen Seltenheit vergleichsweise hoch. Der allergrößte Teil der vielen Milliarden Fotos auf Papier aber, die nach 1920 entstanden sind, wird in den nächsten dreißig Jahren unwiderruflich verschwinden.

Für dieses massenhafte Zerfallen der Fotos kennt jeder Beispiele aus den eigenen privaten Schubladen. In der Wahrnehmung einer breiteren Öffentlichkeit ist dieses Verschwinden der Bilder aber nicht angekommen, und es steht in eigenartigem Kontrast zum Reden von der digitalen »Bilderflut«. »Was wir heute sehen«, hat die Fotohistorikerin Nora Mathys 2013 geschrieben, »ist nur die Spitze des Eisbergs. Aber der Eisberg wird uns nicht rammen: Wenn wir nichts tun, wird er einfach wegschmelzen, bevor wir ihn überhaupt zur Kenntnis nehmen konnten.«[3]

Die Metapher ist selbst ein Stück Geschichte. Während der Eisberg das ganze 20. Jahrhundert hindurch für Bedrohung durch unmenschlich große und großteils unsichtbare Naturkräfte stand (und für den Untergang der »Titanic«), hat er sich in den letzten zwei Jahrzehnten in etwas Bedrohtes verwandelt, ein vom Klimawandel zum unwiderruflichen Schmelzen verdammtes ursprüngliches Stück Schöpfung. Jede Fotografie sei eingefrorene Zeit, schrieb ihr Erfinder William Fox Talbot 1844. »Die unmittelbaren und wahrhaftigen Zeugnisse der Fotografie«, meinte 1851 ein begeisterter Zeitgenosse, würden zukünftigen Historikern unersetzliche Dienste leisten. Wieder ein paar Jahre später, 1859, rief Oliver Wendell Holmes angesichts der Stereo-Fotografie die endgültige Befreiung der Form von der Materie aus, den Sieg über die Zerstörungskraft der Zeit.[4]

Aber Fotos sind eben nicht nur Bilder, sondern auch Dinge. In den Molekülen ihrer Trägermaterialien und in den Silberverbindungen, aus denen ihre lichtempfindliche Schicht besteht, tickt die Zeit unaufhaltsam weiter und lässt sie zerfallen.[5] Nur auf den Reproduktionen der Reproduktionen, den Kopien der Kopien der ursprünglichen Aufnahmen, ist heute noch etwas zu sehen. Den Erfindern der neuen Technik Fotografie wurde die beschränkte Dauerhaftigkeit ihrer Produkte rasch bewusst. 1855 wurde in Paris ein Preisgeld von 10 000 Francs für die Entwicklung eines Verfahrens ausgesetzt, mit dem Fotografien haltbar gemacht werden könnten. In England wurde im selben Jahr ein wissenschaftliches »Fading Committee« gegründet, das dem Verschwinden der Bilder Einhalt gebieten sollte.[6]

Erinnerungsmaschinen

Was wie ein unwiderruflicher tragischer Verlust klingt, oder wie skandalöse Nachlässigkeit der aufbewahrenden Institutio-

nen, ist aus Sicht der Mediengeschichte allerdings der Normalfall. Die Regel ist nicht die lückenlose Weitergabe, sondern der
Informationsverlust. Von den vielen Millionen antiker Schriftrollen ist nur ein verschwindend kleiner Bruchteil überliefert,
und auch der nur in jüngeren Abschriften, von ganz wenigen
Einzelfunden wie den Schriftrollen vom Toten Meer oder dem
Codex Nag Hammadi abgesehen. Die sogenannte Kopialüber-
lieferung ist auch für viele mittelalterliche Texte und Urkunden
die Regel, vor allem für solche, die vor dem 12. Jahrhundert
entstanden sind. Gutenbergs Buchdruck hatten die Huma-
nisten des 15. Jahrhunderts enthusiastisch als die Rettung des
Wissens der Antike begrüßt. In zahlreichen Exemplaren verbreitet, so waren sie sich sicher, würden die kostbaren alten
Texte nie wieder verloren gehen. Aber von den Büchern und
Flugschriften, die vor dem Jahr 1500 gedruckt wurden, ist heute
ein Drittel nicht mehr vorhanden, und ein weiteres Drittel nur
in jeweils einem einzigen Exemplar. Das gilt auch für sehr viel
jüngere Medien. Der allergrößte Teil der frühen Radiosendun-
gen ist heute ebenso verloren wie die Hälfte aller Filme, die vor
1940 entstanden sind, für immer.[7]

Die eingefrorenen Augenblicke auf den vielen Milliarden alter analoger Fotos auf Papier, Celluloseacetat, Polaroid, Ciba-
chrome und Polyester waren alltäglich, selbstverständlich und
banal. Der Siegeszug der digitalen Bilder ab dem Beginn des
21. Jahrhunderts hat alle diese Bilder verwandelt, unabhängig
davon, was auf ihnen zu sehen ist. Sie sind heute Dinge mit
Zerfallsdatum, historische Überreste einer mittlerweile im Verschwinden begriffenen materiellen Kultur, Relikte und Samm-
lerstücke. Die Alltagsfotos auf »Vintage Vienna« sind nur eines
von vielen Beispielen dafür, wie Massenbilder von früher in

neuen Umlaufbahnen zirkulieren, die mit ihren ursprünglichen Herstellungszwecken und Gebrauchsweisen nichts mehr zu tun haben.

Einzelne der im 19. Jahrhundert millionenfach produzierten Aufnahmen sind deswegen kostbare Museumsobjekte geworden – etwa das Scherzfoto, das Friedrich Nietzsche, Lou Andreas Salomé und Paul Reé 1882 in der Schweiz in einem Atelier haben knipsen lassen. In kostspielige Kunstwerke verwandelt haben sich auch die Aufnahmen aus dem Nachlass einer unbekannten amerikanischen Amateurfotografin, die zwei Sammler zufällig und unabhängig voneinander 2007 auf einer Versteigerung erworben hatten. Wenige Monate, nachdem die Fotografin Vivian Maier in einem Pflegeheim verstorben war, wurden die ersten ihrer Aufnahmen im Internet präsentiert, mit zunehmend großem Publikumsecho und schließlich spektakulärem Erfolg. Von Maier allein sind nach heutigem Kenntnisstand über 120 000 Negative, etwa 30 000 Dias und mehrere tausend Originalabzüge erhalten. Die Fotos aus den 1950er, 1960er und 1970er Jahren, von der Fotografin selbst teilweise nicht einmal entwickelt, werden heute von professionellen Galeristen vermarktet und touren in Ausstellungen um die Welt. Um ihre Besitz- und Nutzungsrechte werden zwischen den Entdeckern erbitterte juristische Auseinandersetzungen ausgetragen.[8]

Vivian Maiers Fotos waren aber lediglich ein kleiner Teil ihres Nachlasses. Sie hatte die Aufnahmen nur für sich selbst gemacht und jahrzehntelang auch Tonbänder und Audiokassetten besprochen und aufbewahrt. Außerdem sammelte sie alle Arten von Fundgegenständen von der Straße, Koffer, Schachteln, Dosen und Broschen, vor allem aber alte Zeitungen, und zwar sehr, sehr viele; in Stapeln von Kartons, die sie in den Kellern, Dachböden und Garagen ihrer wechselnden Arbeitgeber anhäufte und eifersüchtig hütete. Sie waren ebenso Teil von Maiers Versuch, die Zeit – ihr eigenes Leben – festzuhalten, wie ihre Fotos. Nur wird mit Stapeln alter Zeitungen und Schachteln anders umgegangen, weil sie sich nicht für fünfstellige Beträge in Galerien verkaufen lassen.

Fotografie wird gerne als vermeintlich universelle Sprache aufgefasst. Aber von alten Fotobeständen wird immer nur ein kleiner Teil sichtbar gemacht, gewöhnlich derjenige, der die jeweiligen Bedürfnisse der Benutzer erfüllt. Seit ihrer Erfindung werden Fotografien nicht nur mit dem vermeintlichen Stillstellen der unablässig tickenden Zeit in Verbindung gebracht, sondern ebenso beharrlich mit dem genauen Gegenteil, nämlich mit dem Leben an sich, das sie angeblich zeigen. Jedes alte Foto vermittelt seinem Betrachter gleichzeitig zwei Botschaften, die einander direkt widersprechen. »So war es früher wirklich« lautet die erste. »Du wirst dort nie mehr hinkommen« die zweite.

»Jede Kamera ist eine Anti-Uhr, ein Apparat gegen die Zeit«, hat der Autor eines Essays über das Aufbewahren von Bildern schön formuliert.[9] Fotografiert wird, was zur Vergangenheit der Zukunft werden soll. Die Bilder sind aber mehr als nur die Ergebnisse dieser Klicks. Sie erzeugen im Nachhinein selbst die Vorgeschichte, die ihre Betrachter gerne haben möchten. Obwohl ich niemanden der Personen kennen kann, die auf den fünfzig oder achtzig Jahre alten Bildern in »Vintage Vienna« abgebildet sind, kommt es mir vor, als spiegelten diese Bilder meine eigenen Erinnerungen.

Nur hat das menschliche Gedächtnis mit der Vergangenheit nicht so viel zu tun. Es erzeugt die Erinnerung immer neu, durch ständiges Aufdatieren – davon ist weiter oben schon die Rede gewesen.[10] Mein Gedächtnis unterscheidet nicht zwischen den beobachteten Ereignissen, den inneren Bildern im eigenen Kopf und den äußeren Bildern aus Schachteln, Museen, Fotobänden und Fotoblogs. Deswegen ist es relativ einfach, Personen mithilfe von Fotos Erinnerungen einzupflanzen. Weil neue Erinnerungen alte überschreiben, erinnern sich etwa Augenzeugen nicht an das, was sie vor zwanzig oder fünfzig Jahren mit eigenen Augen gesehen haben, sondern an die Fotografien, die andere Leute von diesem oder anderen Ereignissen gemacht haben und die sie selbst später ihrem eigenen Archiv im Kopf einverleibt haben, ohne es selbst zu merken.[11]

Fotografien sind deswegen Erinnerungsmaschinen und gleichzeitig selbstgemachte Orakel. Sie bringen nicht irgendetwas zurück oder machen es »wieder« sichtbar, sondern erzeugen Neues durch nachträglich implementierte Bedeutungen. Sichtbar gemachte und häufig vervielfältigte Fotos bringen dementsprechend das, was unfotografiert geblieben ist, ziemlich effizient zum Verschwinden.

Schweiz, Sommer 2020: Der Nachlass eines durchschnittlichen Berufsfotografen in der zweiten Hälfte des 20. Jahrhunderts, erzählt mir der Leiter der Schweizer Fotostiftung, kann heute schnell eine Viertelmillion Bilder umfassen, unterschiedlich gut geordnet und auf sehr unterschiedlichen Medien, analog und digital. »Fast jede Woche«, sagt er, werde er angefragt, ob die Stiftung einen solchen Bilderschatz übernehmen könne. Aber um Fotos beurteilen zu können, muss man sie ansehen. Deswegen fordern die Bilder aus der Wohnung meines Onkels ebenso wie die Milliarden alter Fotos aus der Vergangenheit

von ihren Betrachtern und Benutzern vor allem eines: Zeit.
Menschliche Zeit ist eine knappe und kostspielige Ressource.
Daran hat sich auch im Zeitalter extrem verbilligter Rechenleis-
tungen und digitaler Übertragungsgeschwindigkeit nichts geändert – im Gegenteil. »Sehr häufig muss ich nein sagen«, sagt
der Spezialist für die Aufbewahrung. Er sitzt an der Schleuse,
die jeder eingefrorene Augenblick passieren muss, wenn er in
die Zukunft will. Er plädiert deswegen für Gelassenheit, aber
auch für neue Regeln für selektives Sammeln und Aufbewahren – und Entsorgen.[12]

Fragile Überreste

Die größten Chancen auf Überlieferung haben diejenigen
Texte und Bilder, die rasch, schnell und vor allem oft kopiert
werden. Ihre Inhalte sind an materielle Träger gebunden, und
für diese mit Silbersalzen beschichteten Papiere und Cellulose-
acetate gilt dasselbe wie für Magnettonbänder, Kunststoffe mit
Elastomeranteilen, Dieter Roths Skulpturen aus Schokolade
(recht exakte Zeitgenossen der Polaroids), die Betonstelen, aus
denen das 2005 eröffnete Holocaust-Mahnmal in Berlin besteht, menschliche Körper und eine sehr lange Liste weiterer
Dinge: Sie bröckeln.[13]

Und zwar einfach deswegen, weil sie da sind. Nur Dinge,
die es nie gegeben hat, gehen auch nicht kaputt. Könnte man
das alles nicht einfach zerfallen lassen? Dann wäre man frei
für Neues. Auf die Möglichkeit der nachträglichen Nutzung
der alten Bilder will aber niemand verzichten: In diesem Abfall

schlummern Schätze, und die wollen gehoben werden. Viele der früheren Anstrengungen, die alten Bilder zu retten, bestanden darin, sie auf neue Speichermedien zu kopieren – zuerst analoge, wie den Mikrofilm, dann digitale, wie die CD. Dummerweise haben sich beide schon nach kurzer Zeit als fragiler erwiesen als die vermeintlich dringend rettungsbedürftigen alten Originale.[14]

Einzigartigkeit und – jetzt kommt das Allzweckwort, der Werbeslogan – »Authentizität« existieren nicht unabhängig von ihren bewertenden Betrachtern. Damit alte Fotografien diese Wirkung erzielen, müssen sie zu möglichst wirkungsvollen Ensembles arrangiert werden. Lange waren das Ausstellungen und Fotobücher. Heute funktioniert das auf dem eigenen Instagram-Account oder der Facebook-Seite fast noch besser. Auf dem Bildschirm entfalten solche Bilder starke Wirkungen, wenn sie einen intimen Blick auf das Ich von früher erlauben. Dabei sind merkwürdige Frisuren, Kleider, Wohnungseinrichtungen offensichtlich besonders wirksam – nur Ich muss es sein, ganz Ich, auf dem Foto eines alten Fotos.[15]

Erst durch diese digitale Rahmung wird jedes einzelne der so gezeigten Bilder »echt«, unersetzlich und zu einem Stück eingefrorener (und reproduzierter) Zeit. Aber um wirksam zu werden, brauchen sie zweitens ein Publikum, und zwar eines, das überzeugt ist, sich selbst und seine eigene private oder kollektive Geschichte auf solchen Überresten wiederzufinden, als Heimat, Herkunft oder Selbstauskunft im Nachhinein. Obwohl sich nichts an den Aufnahmen geändert hat, sind sie mit einer Aura des Außergewöhnlichen ausgestattet. Auf diese Weise werden übriggebliebene und über Jahrzehnte vergessene Objekte aus Papier und Plastik zu einzigartigen Erinnerungen, zur Essenz (oder zum Rest?) des eigenen Lebens in der ersten Person Plural: »Die Bilder unserer Kindheit«.

Die zauberische Macht alter Fotos erkennt man auch daran, dass die aus der eigenen Familiengeschichte ganz anders auf einen wirken als die restlichen Milliarden Massenbilder aus dem 20. Jahrhundert. Sie sind einem nämlich peinlich. Als ich nach dem Tod meines Vaters 2007 seine Fotoschachteln öffnete, war ich eigenartig berührt: meine Kindheit auf Bildern. Aber Döbling und der Gemeindebau waren nur auf ganz wenigen Fotos zu sehen. Viel zahlreicher waren Inszenierungen von geträumtem Berglertum mit Lodenanzügen und Lederhosen. »Die unmittelbaren und wahrhaftigen Zeugnisse der Fotografie«, wie ein enthusiastischer Autor von 1851 sie genannt hatte, dokumentieren das Nachkriegsösterreich der 1960er und -70er, aus dem ich komme, als eine einzige, wenn auch eigenartig ortlose Sommerfrische. Meine Mutter trägt auf ihnen ein geblümtes Kopftuch und ein Dirndlkostüm, dazu gibt es adrette Kinder vor Mittelklassewagen. Es scheint immer die Sonne, und die langen grauen Wiener Winter sind verschwunden. Auf diesen Bildern sind immer Ferien, die in passender Garderobe in idyllischen Immobilien an Bergseen stattfinden.

All das hatte es im Alltag nur in Ausnahmesituationen gegeben, deswegen musste es dauernd nachgestellt, geknipst und dann zu den anderen, sehr ähnlichen Fotos in die Schachteln getan werden. Aus den Bildern von mir und meinen Brüdern aus den späten 1970ern und frühen 1980ern schauen mich trotz Schlaghosen, langen Haaren und Frank Zappa nicht rebellische Gegenkultur und Jugendbewegung bei den Döblinger Bürgerskindern an, sondern hochspezifische Verlegenheit und Unsicherheit. Was darf ich? Was muss ich? Mache ich das richtig?

Das Früher soll nicht aufhören. Aber irgendwann hört es dann doch auf. Etwas aus meiner Vergangenheit, das ich mir nicht ausgesucht hatte und nie so richtig haben wollte, ist auf einmal vorbei, unwiderruflich; und dass es vorbei ist und unwiderruflich weg, flößt mir Angst ein. Deswegen war ich nach dem Durchsehen der Bilder aus den Schachteln meines toten Vaters erst einmal drei Tage damit beschäftigt, viele dieser peinlichen Fotos zu scannen und auf die Festplatte meines Computers zu kopieren. Verdoppeln und speichern heißt: bannen.

»Die eigene Überraschung angesichts der zwanzig Jahre alten Fotografie: Sie stammt von einem Subjekt, das sich als Prozess entpuppt und sich in diesem untergehen sieht.«[16] Der radikale »Stop!«-Effekt der belichteten Bilder führt mir mich als eine Art historischer Überrest meiner selbst vor Augen. Nachdem ich die Schachteln meines Vaters durchgesehen und diejenigen Bilder gescannt hatte, die ich aufbewahren wollte, habe ich dann auch meine eigenen alten Fotos sortiert, chronologisch geordnet und in Pergaminumschläge und säurefreie Kartons gesteckt, damit sie ein bisschen länger halten.

Ich habe dabei nachträglich eine ganze Menge gelernt. Von Erlebnissen und Bekanntschaften, an die ich mich nicht erinnern möchte, habe ich keine Fotos aufgehoben. Ich bewahre das, was zur Vergangenheit der Zukunft werden soll. Meine gesammelten Bilder erzeugen nachträglich die Vorgeschichten, die ich gerne haben möchte. Sie stellen mir (und meiner Tochter) eine reinere Geschichte meiner selbst zur Verfügung. Fotos wären also sowohl Talismane – glücksanziehende magische Dinge – als auch Amulette, Schutz und Abwehr gegen unsichtbare Bedrohungen. Und ich kann mit ihnen die Vergangenheit im Nachhinein verbessern.

Mein Herzenszeug neueren Datums, nach 2000 entstanden, schläft dagegen auf den summenden Festplatten der großen Serverfarmen, auf (oder in?) einem gigantischen neuen Eisberg. Viele, viele JPGs (kein besonders stabiles Format, sagen mir die zuständigen Experten), Ferienvideos, Lieblingslieder, einhundert oder vierhundert Millionen Blogs, myAlles, so neu und echt und unmittelbar im großen elektrischen Rauschen, dass es dauernd gekühlt werden muss. Sonst verglüht all der heiße Scheiss von gestern.

In den 1980ern gab es eine Band, die »Pop Will Eat Itself« hieß. Damit hatten die auf eine im Nachhinein einigermaßen unheimliche Weise recht. Autophagie: Fotos tun das dauernd. Daten, Erinnerungen, Gefühle, unsere eigenen Versionen von uns selbst auch. Kann ich denn gar nichts von dem, was mir wichtig ist und was mich ausmacht, stillstellen, festhalten und aufbewahren?

6. Unter die Haut

»Wie die Maschinen funktionierten, wussten wir nicht.«

Günter Bose[1]

Doch – auf dem eigenen Körper, mit Nadel und Tinte. Ich sah den muskulösen Männerrücken an einem heißen Julinachmittag im Strandbad am Vierwaldstättersee. Auf ihm war der sterbende Luzerner Löwe eintätowiert, das Denkmal für den heroischen Opfergang der Schweizergarde beim Sturm auf die Tuilerien 1792. Im Original misst es zehn mal sechs Meter; als Tattoo war es schulterbreit. Auf dem Nacken darüber – es war viel Platz dort – konnte man auch die lateinische Inschrift des Denkmals von 1821 nachlesen, in kapitaler Antiqua, wie auf dem Original: »Der Treue und Tapferkeit der Schweizer«.

Ist das auch Heimat? Herkunft? Festhalten der Vergangenheit? Auf jeden Fall ist es Selbstauskunft. Die Hitzesommer der letzten Jahre haben unübersehbar gemacht, dass die europäischen Durchschnittskörper sich in Zeichenträger verwandelt haben, in einen bunten, halböffentlichen Skizzenblock aus menschlicher Haut. Im Sommer krabbeln all die Rosen, Augen, Reptilien und Flügel wieder heraus aus den Ausschnitten und Ärmeln, in denen sie den langen Kunstlichtwinter der Badezimmerspiegel verbracht haben. Sie sind Post von den Besitzerinnen und Besitzern dieser Körper, sie haben etwas zu sagen. Ich bin eine ganz besonders wichtige Nachricht, flüstert jede von ihnen, bitte schau mich an. Also schaue ich.

Im Reich der Zeichen

Kreuze. Engel. Durchstochene Herzen. Blumenbekränzte Herzen. Herzen mit Stacheldraht. Sterne in allen unterschiedlichen Formen und Farben. Viele stachelige Gewächse mit Dornen, eine ganze Menge Totenköpfe. Tragen die Ängstlichen Totenköpfe, aus Abwehr? Die gezackten dunklen Bänder an den Oberarmen sind so häufig geworden, dass sie kaum mehr auffallen, ebenso die ausladenden Ornamente am unteren Ende des Rückens, die der Volksmund mit der schönen Wortfindung Arschgeweih bezeichnet hat. Seither sind sie nicht mehr so schick.

Dasselbe ist dem auf der Schulter getragenen springenden Delphin passiert. Neue Motive und Stile der Tätowierungen kommen in Wellen, verbreiten sich sehr rasch – und bleiben dann, sozusagen mit unsichtbarer Jahreszahl. »Ein Tattoo«, verkündet der Titel einer 2003 erschienenen Geschichte des Hautstichs in Deutschland, »ist für immer.« Es ist unklar, ob das triumphierend oder resignierend gemeint ist.

An jedem Nachmittag im Freibad oder am Strand ziehen deshalb Kataloge der *hipness* aus den letzten drei Jahrzehnten an mir vorbei. Japanische Geishas und chinesische Drachen, Schleifchen, Fantasy-Feen mit tiefem Ausschnitt. Auf dem Oberarm der freundlichen Angestellten in meinem Rückenstudio wachsen zwischen Schlangen und Blumen Nadelbäume und ein Indianer mit Federschmuck und markanter Hakennase. Die meisten Tätowierungen sind keine Einzelbilder mehr, sondern Serien. Manche werden, noch einmal gesteigert, zu einer Art Bilderstrumpf, der Arme, Schultern und Beine überzieht. Warum haben sich die unter die Haut gestochenen Embleme innerhalb vergleichsweise kurzer Zeit – einer Generation – so stark vermehrt?

»Lass Dich tätowieren« hieß die Single, die ein gewisser Georg Danzer 1974 herausbrachte. Darauf singt ein sehr knabenhafter Wiener Liedermacher mit schön geföhnten langen Haaren vom wilden Leben und den Abzeichen, an denen man es erkennen konnte. »Zeichen auf der Haut« hieß die dazugehörige kulturwissenschaftliche Studie von Stephan Oettermann, fünf Jahre später im linksalternativen Syndikat-Verlag erschienen. Tattoos waren Gegenkultur, Abzeichen des verfolgten Untergrunds, gefährlich-verruchte Abzeichen der ganz anderen, und Oettermann breitete mit großer Eindringlichkeit die Geschichten von den tätowierten Eingeborenen aus der Südsee aus, die man Ende des 18. Jahrhunderts als Sensationen nach Europa brachte, und mit ihnen das neue Wort »tatau«. Er schilderte die Verbreitung des Hautstichs im 19. Jahrhundert und die Phantasien, in denen Cesare Lombroso in seinen Studien tätowierte Delinquenten als Abkömmlinge primitiver verbrecherischer Rassen porträtierte. Tätowierte Schausteller wurden deshalb eingehenden wissenschaftlichen Untersuchungen durch Medizinprofessoren und die Berliner Anthropologische Gesellschaft unterzogen.

Oettermanns Buch endet mit den Tätowierungen der Häftlinge in den Konzentrationslagern der Nazis und den Lagern in der UdSSR und der düsteren Beschwörung drohender totaler Erfassung aller Andersartigkeit im Namen der Terrorismusbekämpfung durch Fingerabdrücke in westdeutschen Polizeicomputern.[2] Chiffre für diese düstere Vision wurde am Beginn der 1980er Jahre der neue maschinenlesbare Personalausweis der BRD, ausgestellt auf eine fiktive Erika Mustermann. Vierzig Jahre später bin ich in jedem Schwimmbad und in jeder Sauna umgeben von den vermeintlichen Zeichen der Anderen, der Wilden und der Rebellion. Sie haben Formen und Ausmaße angenommen, die sich weder Georg Danzer noch die radikalsten Kulturtheoretiker der 1970er Jahre vorgestellt haben. Die Mustermänner, im ganz wörtlichen Sinn, sind überall. Das ist lustig, aber eigentlich ziemlich erklärungsbedürftig.

Tattoos sind Nahgeschichte im Wortsinn. Als Adolf Loos in »Ornament und Verbrechen« 1908 gegen die primitive Lust am Dekorieren polemisierte (»der moderne mensch, der sich tätowiert, ist ein verbrecher oder ein degenerierter«), waren nicht nur Gefängnisinsassen, Matrosen und Unterhaltungskünstler tätowiert, sondern auch viele Angehörige der britischen Oberschicht, unter anderen Mitglieder des britischen Königshauses, und die k. u. k. Kronprinzen Rudolf und Franz Ferdinand ebenfalls. Adolf Loos wusste das, man konnte es in der Zeitung nachlesen.[3] Die Geschichte der Tätowierung ist seit dem 18. Jahrhundert nicht nur die ihrer Stigmatisierung, wie der Ethnologe Erhart Schüttpelz 2006 in einem lesenswerten Aufsatz gezeigt hat: Die noble Londoner Modezeitschrift The Tatler and Bystander publizierte 1903 unter der Überschrift »The Gentle Art of Tattooing« Bilder von Tigern, Drachen und Fischen auf Unterarmen, die in heutigen Tattoostudios nicht auffallen würden. Die Tätowierungsästhetik der zweiten Hälfte des 20. Jahrhunderts, notiert Schüttpelz nüchtern, war im Wesentlichen Spielwiese von Angehörigen der Mittelschicht, die pikareske ältere Erzählmotive zur eigenen Selbstdarstellung umdeuteten. Die Universität Kopenhagen hat 2005 sogar einen Wettbewerb für ein geeignetes akademisches Logo ausgeschrieben, das sich begeisterte Nachwuchswissenschaftler tätowieren lassen können.[4] Also nicht Revolte, sondern Zugehörigkeit?

Früher dachte ich, die Sache mit den Tattoos sei ganz einfach. Der eigene Leib soll durch zusätzliche Körperteile vervollständigt werden, und die erscheinen dann als Blume oder Flügel, Stachel, Panzer oder Halsband, je nach Gusto und libidinöser Verfassung. Das, von dem man empfindet, dass es einem selbst fehle, wird in Farbe und zweidimensional hinzugefügt – dafür ist das Bildermachen in der Jungsteinzeit schließlich erfunden worden. Dann schaute ich genauer hin und war mir nicht mehr so sicher. Es geht nicht um Mangel. Die Logos jener kostspieligen Luxusmarken, die viele Leute gerne als Chiffren für Erfolg und demonstrativen Wohlstand auf ihren Kleidern, Handtaschen und Sonnenbrillen tragen, erscheinen praktisch nie auf ihrer Haut. Den eigenen Körper als Schreibmaterial zu gebrauchen, soll Antikäuflichkeit, Trotz, Selbstbestimmung signalisieren – oder soll man »Werte« sagen?

Öffentliche Empfindungen

In den sommerlichen Parks, Bädern und Fußgängerzonen wandern aber nicht nur Bilder an mir vorbei, sondern auch

Schriftzeichen. Exotische in Chinesisch und Arabisch; aber ebenso englische, lateinische und deutsche Texte – Zaubersprüche, Beschwörungsformeln, Namen von Kindern und Geliebten, und sehr viele Gesichter, fast immer weiblich, egal ob auf Frauen- oder Männerkörpern. Die Tätowierungen sind offenbar der Ausdruck des Wunsches, ein zuvor unsichtbares inneres Bild auf der Haut erscheinen zu lassen; sich also in den Bildschirm oder die Leinwand für die eigenen Phantasien zu verwandeln.

Dann sah ich am Strand einer griechischen Insel einen Italiener, neunzehn vielleicht und wohlbehütet, er war mit seinen kultivierten Eltern und deren Freunden unterwegs. Auf dem Ansatz seines linken Oberschenkels hatte er ein großes Auge mit dicken Wimpern tätowiert, 15 Zentimeter lang: Er schob seine Badehose hinauf und rieb es sorgfältig mit Sonnencrème ein. Über seinen Knien war, in verschnörkelten Zierbuchstaben, links »Kinda« zu lesen, rechts »Giant«. Tattoos, dachte ich, wollen demonstrative Rätsel sein. Schau, das ist mein Allerwichtigstes, und Du kannst es ohne meine Hilfe nicht entziffern.

Roger Willemsen hat das in seinen 2012 veröffentlichten Notizen halb anzüglich, halb ratlos beschrieben. Bei ihm findet die Interpretation nicht am Strand statt, sondern im Bett. »In ihrer rechten Leiste sitzen drei tätowierte chinesische Schriftzeichen. Die bedeuten was? ›Friede‹, sagt sie. Heißt das, jeder, der sich ihrer Scham nähert, soll seinen Frieden finden? Ausgerechnet! Soll vorher seinen Frieden machen? (…) Auch in der linken Leiste wimmelt es von Zeichen. Es ist wie französische Gartenarchitektur: Alle Statuen gestikulieren durcheinander. Alle wollen, alle bedeuten etwas und machen zu viel. Es ist die

Übersetzung der Soap Opera in Körpermalerei. (...) Und das soll ich nun in ihrer Leiste entziffern? Beherzigen sogar? Wer so weit gekommen ist, dass er dies lesen kann, der sollte es besser nicht mehr verstehen wollen.«[5]

Mit einem einzelnen Zeichen würde der Autor als souveräner Zeichenleser leicht zurechtkommen, so die Botschaft. Aber mit sechs, acht, einem Dutzend, jedes anders? Es ist nicht nur die Popularisierung und Allgegenwärtigkeit solcher hochpersönlicher intimer Zeichen, die dem gelehrten Verführer hier so sehr zu schaffen macht, sondern ihre Häufung, wilde Kombinatorik, ihr anscheinend regelloses Wuchern – das Auftreten der Zeichen als Salat.

Kann man das erklären? Die Vielfalt der Tätowierungen, wurde 2018 vorgeschlagen, sei als Gegenbewegung zu den immer rascher wechselnden Codes der Mode zu lesen. Als hartnäckige Bezeichnungen auf dem Körper vermittelten sie ihren Trägern wenigstens das Gefühl, Entscheidungen zu fällen.[6] Tattoos sind ja auch paradox. Jedes einzelne will in seiner – relativen – Dauerhaftigkeit ein Bekenntnis sein; andererseits erfordern mobile und flexible Zeiten immer neue und aktuelle Bilder.

Der Kunsthistoriker Jörg Scheller hat deswegen vorgeschlagen, Tätowierungen als Parallelentwicklung zur Digitalisierung zu begreifen: Wie sich Benutzeroberflächen zwischen Mensch und Maschine geschoben haben, so überziehen Tattoos die Körper mit einem Geflecht aus Bildern und Botschaften, vermeintlich selbst gestaltete Zeige-Oberflächen.[7] Tattoos seien zum Mainstream geworden, weil sie als Kompensation funktionierten, hat wiederum Diedrich Diederichsen 2016 in seinen Adorno-Vorlesungen überlegt, passenderweise unter dem Titel »Körpertreffer« publiziert. Sie sollten erlebte Verluste wiedergutmachen. »In der Folge können sie als kulturelle und mediensprachliche Topoi nur dann überleben, wenn sie immerfort gesteigert werden, gleichsam vor ihrer Entwertung weglaufen.«[8]

Also doch der Mangel, nur diesmal als Serie und Selbstvervielfältigung? Pop-Bedeutungen, hat Diederichsen vor zwanzig Jahren noch ein bisschen apodiktischer formuliert, ließen sich nicht mit klassischen hermeneutischen Verfahren erschließen, sondern nur durch die Zugehörigkeit zur jeweils relevanten Gemeinschaft; oder durch deren Interpretation. Gemeint waren jene demonstrativ kämpferischen Jugendkulturen, die Diederichsen »Pop I« taufte – nachträglich, als nämlich dann Pop II die Herrschaft übernommen hatte, »die ideologische Einverstandenheit aller«, mit der sich jede abweichende ästhetische Position problemlos in den öffentlichen Mainstream eingemeinden und kommerziell nutzen ließ.[9] Mittlerweile seien wir bei Pop III angekommen, weiß das entsprechende universitäre Handbuch, im Herbst 2018 erschienen. Stichworte: »Akademisierung, Musealisierung, Selbsthistorisierung«.[10]

Zur Selbsthistorisierung sind die Tätowierungen tatsächlich hervorragend geeignet, weil sie sehr lange halten. Im Kleinkinderbecken jedes Hallenbads kann man die dazugehörigen Elternpaare studieren, in Badekostümen und deswegen häufig ziemlich offenherzig. Tätowierungen wären dann ein hochpersönliches synkretistisches Sexualmuseum. »So wild war ich drauf«, wäre dann die Botschaft, »früher.« Das ist die Lösung, dachte ich: Spuren der Vergangenheit, Zeugenschaft – für mich als Historiker ohnehin naheliegend, in diesem Fall eben im fleischlichen Bereich. So könnte man auch die große Attraktivität der bunten mitteilsamen Körperzeichen für Teenager und Zwanzigjährige erklären: Der Wunsch, sich doch bitte ohne Umstände einen älteren, erfahreneren und gelebteren Körper zuzulegen.

Tätowierungen wären so auch eine Antwort darauf, dass eine sexuelle Begegnung, so genussvoll und intensiv sie gewesen sein mag, im Normalfall keine dauernden Spuren hinterlässt, wenn man von ihr nicht schwanger geworden ist. Mein Körper, diese freundliche Schlampe, genießt, lässt aber all die großen Ereignisse hinterher verschwinden. Die Liebesakte, Leiden und Erfüllungen können noch so einschneidend gewesen sein, aber der eigene Körper verschluckt sie, kaum dass man sich ausgeschlafen und geduscht hat. Dem soll das Tätowieren abhelfen.

Steht jedes Tattoo also für ein Gefühl? Gefühle sind deswegen welche, weil sie wieder verschwinden. Ihre Träger haben sie nicht immer (wie wir von uns selbst recht genau wissen), und auch die Steuerung, wie lange und wie intensiv sie wirken, ist den Betroffenen entzogen. Gefühle hinterlassen keine Spuren, außer in Form von Erinnerungen, und die sind selbst zu größeren Teilen gefühlsgesteuert, also nicht vollständig der eigenen Kontrolle unterworfen und unzuverlässig. Gefühle führen vor, wie groß jene Bereiche des eigenen Innenlebens ausfallen, die Menschen weder meistern noch festhalten können.

Tattoos wären also halböffentliche Chiffren für persönliche Empfindungen; für Gefühle, die in den eigenen Körper eingeschrieben werden. Aber das Zeichen ist haltbarer als die Empfindung selbst, wie die Tattoos dokumentieren, und das macht das leicht Verzweifelte solcher Versuche aus. Die Empfindungen, um die es dabei geht, sind so individuell und einzigartig wie möglich. Der Satz der Zeichen, die zu ihrem Ausdruck verwendet werden, ist aber begrenzt: Herzen, Rosen, Schmetterlinge und so weiter. Das Ergebnis ist ein bisschen paradox. Jede und jeder hat ihr oder sein einzigartiges eigenes Gefühl, verleiht ihm aber mit den gleichen oder zum Verwechseln ähnlichen Zeichen Ausdruck wie der- und diejenige im Freibad auf dem Handtuch nebenan.

Tattoos sind aber nicht nur Sichtbar- und Haltbarmachen von Empfindungen. Sie sollen den Blick der Anderen, den man auf sich fühlt, auf ganz bestimmte, von einem selbst ausgewählte und betextete Stellen lenken. Ich kann nicht beeinflussen oder kontrollieren, was Ihr von mir denkt, aber ich trage für Eure Blicke ein starkes Signal an mir. Dieses Zeichen auf meiner Haut, das bin ich für Euch. Deswegen sind die trotzigen Tattoos so häufig, und das erklärt auch, warum auf ihnen so selten neue und überraschende Signale erscheinen. Es sind ja die Anderen, für deren Augen diese Zeichen bestimmt sind, und die sollen sie doch auch einordnen können, bitte schön.

Unwiderruflich Ich

2015 war zuerst im Gewerbemuseum in Winterthur, dann in Hamburg am Museum für Kunst und Gewerbe die große Ausstellung »Tattoo« zu sehen. Sie widmete sich explizit der Allgegenwärtigkeit der Körperzeichen: Im Eingangsbereich hingen überlebensgroße Fotos schöner nackter Tätowierter. Im nächsten Raum die bohrende Frage der brasilianischen Eingeborenen an ihre Missionare aus Claude Lévi-Strauss' »Traurigen Tropen«: »Wieso tragt Ihr keine Zeichen auf Euren Körpern?« Was einen Menschen vom Tier unterscheide, sei seine bemalte Haut. Ein paar Schritte weiter war das bunt tätowierte Schwein des belgischen Künstlers Tim Delvoye zu sehen – ausgestopft. Eine Woche vor der Eröffnung, erzählte mir die Ausstellungsmacherin Susanna Kumschick, habe sie in einem Zürcher Supermarkt ein älteres Ehepaar gesehen. Es war unklar, ob die beiden Lévi-Strauss gelesen hatten, aber sie trugen fotorealistische farbige Tätowierungen ihrer Lieblingsmeerschweinchen auf Unterarmen und Oberschenkeln.

Wer anfängt, über Tätowierungen nachzudenken, kann sich schnell in ganz großen Kategorien – »Der Mensch«, »Das Bild«, »Die Natur«, »Die Gewalt« – verfangen. In der Tattoo-Ausstellung erklärt der Auschwitz-Überlebende Josef Tarnawa in einem Video des polnischen Künstlers Artur Zmijewski von 2004, dass ihm im Lager ein Freund die Nummer auf dem Arm vorgezeichnet habe, und dann sei auf diese Zeichnung tätowiert worden. Er zeigt sie vor. »Deswegen ist sie so schön, diese Nummer.« Nur verblasst sei sie.

Es ist verstörend, auf Zmijewskis Video mitanzusehen, wie der Künstler den alten Mann trotz dessen Bitten dann dazu nötigt, seine 62 Jahre alte Lagernummer mit einem modernen Tätowiergerät nachziehen zu lassen. Ob er damit zufrieden sei, fragt der Künstler ihn am Schluss des Films. Der verneint mürrisch. Auch eine Selbstauskunft – nicht über den Überlebenden, sondern über den Künstler, der die Biographie eines drangsalierten Wehrlosen zum Futter für die Steigerung seines eigenen Marktwerts macht.[11] Zmijewski hat das nicht erfunden. Im Jahr 2000 hatte der spanische Künstler Santiago Sierra mit seiner Arbeit »160 cm Line Tattoed On 4 People« Aufsehen erregt. Er bezahlte nach eigenen Angaben vier Prostituierte, die sich eine Linie auf den Rücken tätowieren ließen, mit je einer Dosis Heroin: Aktionskunst als Missbrauch Erniedrigter.[12]

Ist jedes unwiderruflich unter die Haut gestochene Zeichen Gewalt? Am anderen Ende des Spektrums zwischen Fremdzwang und Selbstbestimmung stehen sakrale Tätowierungen – in Thailand etwa als »Sak Yant« sehr verbreitet. Sie beschützen ihre Träger vor Unglück und Verbrechen und helfen ihnen, ein gutes Leben zu führen. Allerdings müssen die vom Tätowierer auferlegten Regeln eingehalten werden, sonst verlören die Zeichen ihre Wirkung. Tattoos als Gebote gibt es auch in Kontexten, die uns sehr viel näher liegen. Nachdem er ein Jahr lang nichts mehr getrunken habe, schreibt ein deutscher Journalist in seinem Buch über den Umgang mit Alkohol, habe er sich das Wort »Grace« auf sein rechtes Handgelenk tätowieren lassen. »Grace« heißt so viel wie Gnade, Anmut und Güte. Und: »Ich mag es, daran erinnert zu werden, dass es viel gibt, wofür ich dankbar sein kann.«[13]

Schutz also – Schutz vor dem Zerfall der eigenen Selbstprogrammierung. Weil unsere Gefühle sich verändern und wir unsere Versprechen vergessen, wollen wir sie auf unsere eigenen Körper fixieren – *ficere*, heißt das nicht auch durchbohren? Den unübersehbar christlichen Bezügen des Tätowierens hat Paul-Henri Campbell sein 2019 erschienenes Buch »Tattoo und Religion« gewidmet. Damit meint er nicht nur die Bildmotive der Madonna, des Gekreuzigten und der blutenden Herzen. Jüdische und islamische Rechtstexte verbieten die Praxis des Hautstichs explizit. Der arabische Reisende und Diplomat Ahmad Ibn-Fadlan beschrieb im 10. Jahrhundert die Wikinger

am Unterlauf der Wolga als von Kopf bis Fuß tätowiert. Das
machte sie für ihn, zusammen mit ihrem Umgang mit Alkohol
und Sex, zu bizarren barbarischen Wilden – zum exakten Ge-
genbild der kultivierten frommen Muslime, für die er schrieb.[14]

Die christliche Überlieferung ist dagegen voll von positiven
Beispielen, von tätowierten christlichen Bischöfen der Spätan-
tike bis zu Mystikern des 14. und 15. Jahrhunderts wie Chris-
tina von Stommeln und Heinrich Seuse. Christliche Jerusalem-
pilger ließen sich ab dem 17. Jahrhundert Bilder der besuchten
heiligen Stätten auf ihre Unterarme tätowieren; in Goethes
»Wilhelm Meisters Lehrjahre«, erinnert Campbell, trägt die katholische Mignon auf ihrer blassen wächsernen Haut ein Tattoo des Gekreuzigten. Je länger man sich in Campbells Buch
vertieft, desto weniger exotisch kommen einem die Hautzei-
chen vor. Der Autor nennt sie im Untertitel augenzwinkernd
»die bunten Kathedralen des Selbst«. Die christliche Tätowie-
rerfamilie Razzouk in Jerusalem führt ihren Betrieb nach eigenen Angaben seit fast 200 Jahren und kann sich über Mangel
an Kunden nicht beklagen. Frauen, erzählt der Firmenchef im
Interview, tendierten zu Marienmotiven, jüngere Männer zu
stilisierten Darstellungen der Leiden Christi.[15]

Den größten Teil von Campbells Buchs nehmen die Interviews ein, in denen erfolgreiche Tätowierer Auskunft über sich
und ihre Kunden geben. Ganz ohne Verkaufsprosa geht das offenbar nicht. »Man schenkt jemandem etwas, das diese Person
für immer hat«, sagt Wassim Razzouk, »eine besondere Mar-
kierung der Seele. Eine Tätowierung ist dann ein physisches
Zeichen für diese Veränderung.« Der Tattookünstler Alec Binnie greift gleich zum Wort Sakrament – »wegen der Elemente
der Transformation, der Hingabe, des Opfers, oder der Ergrei-

fung des Selbst«. Man lasse sich tätowieren, um »den eigenen
Körper und sich selbst zurückzugewinnen«. »Ich werde immer
mehr so, wie ich mich fühle. Je stärker ich tätowiert worden
bin, desto mehr hatte ich das Gefühl, mein wahres Ich kommt
zum Ausdruck.« Reden über Tätowieren heißt offensichtlich
inniges Wahrsprechen. Der Tattoodesigner Chaim Machlev beschreibt sein erstes Tattoo als intensive spirituelle Erfahrung.
»Ich hatte das Gefühl, eine Kraft fährt in mich, führt mich an
den richtigen Ort.« Und: »Ich umfing es mit beiden Armen und
ging dem Licht nach.«[16] Für Mercedes Benz arbeite er auch,
erklärt er. Ist ja auch eine Art Licht, schon wegen der Schein-
werfer.

Campbells Buch ist dort besonders lesenswert, wo er die
Veränderungen der Tätowierpraxis der letzten dreißig Jahre
beschreibt. Das »Allein-gegen-alle-Gefühl«, sagt ihm der französische Tattookünstler Mikaël de Poissy, sei gegen Ende der
1990er verschwunden. In 99 Prozent der Fälle hätten die Menschen ohnehin einen anderen Körper als den, für den sie ein
Bild wollen, ergänzt Machlev. Tätowierungen seien Idealisie-
rung des Selbst. »Die haben eine Vorstellung in ihrem Kopf,
aber es ist gar nicht ihr Körper.« Tätowieren sei längst Teil der
ökonomischen Logik des Kunstmarktes, bemerkt Alec Binnie.
»Eine gewisse Magie«, sagt ein anderer Tätowierer, »die jetzt
weg ist.« Ab der Mitte der Nullerjahre widmeten sich immer
mehr Fernsehsendungen und Doku-Soaps den Tätowierungen. Das Outsider-Image wurde so lange immer neuen Vari-
ationen unterworfen, bis es sich endgültig in Mainstream für
trotzige große Kinder verwandelt hatte.[17]

»Mommy I'm sorry« heißt dementsprechend das teure
Studio in Stuttgart, dessen Inhaber das melancholische Wort

gebraucht, das immer dann fällt, wenn etwas als Bedeutungsträger endgültig aufgebraucht ist: »Lifestyleprodukt«. Er habe mittlerweile das Gefühl, dass die Leute an tätowierten Menschen genauso desinteressiert vorbeigingen wie an einer Bäckerei. Dann gibt es aber doch noch etwas schwäbische Emphase. »Ich trage etwas auf meinem Körper, das mich daran erinnert, an mir zu arbeiten.« Und: »Letztens haben wir zwei Jungs das Logo ihres Start-ups tätowiert.«[18]

Übermut und Langeweile

In Zeiten von Facebook, Instagram und Snapchat sind flüchtige Bilder zur Norm geworden. Ist es deswegen zwingend, dass dauerhafte Bilder eine solche Anziehungskraft entfalten, als pathetische Unwiderruflichkeit? Tattoos, schreibt Campbell, seien die Chance für »entschiedene Unbedingtheit, ungenierte Offenkundigkeit und unvertretbare Individualität«, für ein selbstgemachtes Ich-bin-Ich. »Im Prinzip ist Autonomie der Sinn und Zweck von Tätowierungen.«[19]

Autonomie? Ich wäre mir da nicht ganz so sicher. Die vielen missglückten, irrtümlichen und später bereuten Tattoos, die in meinem Bekanntenkreis reichlich vorhanden sind, kommen in Campbells Buch nirgends vor. Die Sehnsucht nach demonstrativer Einzigartigkeit durch Tätowierungen, in denen sich die eigene Lebensgeschichte ausdrücken soll, lässt sich offenbar am besten mit Motiven stillen, die alle schon kennen. Die heutige Tattoo-Ästhetik sei »ungeniert pathetisch und superlativistisch«, schreibt Campbell, und das mache sie zum Protest gegen jenes protestantische Unbehagen, nach dem Tattoos eben doch ungesund seien. »War denn je eine religiöse Berufung gesund und vernünftig?«, fragt er polemisch.[20]

Die Geschichten, die von ihren Trägerinnen und Trägern zu all diesen Bildern erzählt würden, bemerkt Campbell allerdings warnend, veränderten sich – und mit ihnen auch ihre Bedeutungen. Ist dann auch wirklich Katholizismus drin, wo katholische Zeichen draufgestochen werden? Wenn Dreizehnjährige in jedem fünften Satz »oh mein Gott« sagen, hat das ja auch nichts mit ihrem Religionsunterricht zu tun, sondern mit amerikanischen Fernsehserien.

Um Tattoos zu verstehen, braucht man neben vergleichender Religionsgeschichte deswegen wohl auch ziemlich viel Fußgängerzone. Alles muss weg, Spontantattoos sofort, Sale 70 Prozent reduziert, ganzjährig warm auf den Kanaren, 100 Millionen gepiercte Ohren: Das steht da alles wirklich, ganz ernst gemeint, oder doch zumindest so ernst, wie Werbeslogans sein können: eine Bitte-pflück-mich-Beschwörung. Jede Werbebotschaft muss so tun – sie muss wirklich –, als ob sie kein Gegenteil habe und als ob die Gleichgültigkeit und das Schulterzucken, die sie umgeben, nicht existierten. Das Ignorieren ignorieren, das ist Werbung, deswegen das leicht Verzweifelte, Vorwurfsvolle und Hysterische an ihr. Könnte es sein, dass Tattoos einfach Werbung für die eigene Einzigartigkeit sind?

Ein Bild im öffentlichen Raum ist ja nicht Privatsache der Betrachter – sofern ein Betrachter überhaupt das besitzen kann, was er anschaut. (Eigentlich gilt das eher umgekehrt.) Sondern ein Kanal für die Herstellung und Übertragung von Wünschen. Persönliche Geheimnisse müssen so demonstrativ wie möglich sein, um zu funktionieren. Der ungeschmückte eigene Körper reicht dafür einfach nicht. So einen hat schließlich jeder. Erst der dramatische Auftritt der Zeichen macht den Körper zum Beweis und Unterpfand für die Echtheit der Empfindung.

Vor jeder Bedeutung zeigen die bunten Signale auf der Haut erst einmal die Befriedigung darüber, den eigenen Körper auf diese Weise beschreiben zu können, einfach weil man ihn hat. Deswegen auch die Nähe zum Schmuck: Im Zweifelsfall sind Tattoos an jenen Stellen zu finden, an denen sich sonst Ringe, Armbänder und halbdurchsichtige textile Accessoires befinden. Auch die harten Jungs können so ihre Lust an Rüschchen ausleben. Die Empfindung, deren Authentizität auf diese Weise vorgezeigt wird, muss nicht einmal unbedingt die eigene sein, solange sie mit dem Körper unterlegt wird. Alles, auch das Banalste, wird groß, schwer und bedeutungsvoll, wenn es unauslöschlich unter die Haut geschrieben wird. Tätowieren verändert die eigene Vergangenheit dadurch, dass sie nachträglich zeichenhaft gemacht wird und in ein etwas unheimliches Futur II verwandelt: Wie ich gewesen sein werde.

Im Jahr 2000 kam Christopher Nolans Film *Memento* in die Kinos. Ein Mann sucht den Mörder seiner Frau. Weil er an retrograder Amnesie leidet (sein Gedächtnis speichert nur die letzten drei Minuten), hat er alle Indizien und Hinweise, die zum Täter führen, auf seinen Körper tätowieren lassen. Er weiß allerdings nicht, dass er den Mörder längst gefunden hat, denn das hat er vergessen nachzutragen. Weil er seinen Körper als Registrierungsapparat benutzt, bleibt er gefangen in einer endlosen Suche nach Vergeltung, erzeugt durch jenes Aufschreibesystem aus der Vergangenheit, das er selbst angelegt hat.

Die Tätowierten, geht mir im Freibad meiner friedlichen Schweizer Kleinstadt auf, sind so gesehen gezeichnete Gefangene ihres eigenen Bedürfnisses nach Selbstdarstellung und Niemals-Vergessen, lebenslänglich. »Glück« hatte eine junge Frau mit Hornbrille und markantem asymmetrischem Haarschnitt in blaugrünen Buchstaben auf ihren Nacken tätowieren lassen. Die Aufforderung »be unique« habe ich auch schon gelesen, zweimal. Seitdem ich das Paar im Fitnessstudio gesehen habe, beide mit denselben verschlungenen Ornamenten auf dem linken Oberarm, ist mir auch klargeworden, dass viele der Tätowierungen unwiderrufliche Markierungen eines Entschlusses für ein Leben zu zweit sein sollen; eben weil es sie doppelt gibt, auf jedem Partner einmal.

»Deine Schwimmbadethnographie ist unvollständig«, sagt mir die Wiener Freundin. »Es gibt noch sehr viel mehr Tattoos, und die sehen noch einmal ganz anders aus. Bei Dir kommen die nicht vor, weil Du sie einfach nicht zu sehen bekommst. Du bist ja nicht in lesbischen Clubs.« Sie hat natürlich recht, ich bin ein männlicher Hetero über fünfzig und kurzsichtig. Aber der begriffsstutzige Betrachter hat immer schon dazugehört zur Geschichte der Zeichen auf der Haut. Die japanischen Seeleute, berichtete ein chinesischer Reisender im 3. Jahrhundert erstaunt, tätowierten sich die Gesichter und zierten ihre Leiber mit Mustern, »um die Meeresungeheuer zu erschrecken, wenn sie nach Muscheln tauchen«. Nicolas Bouvier, der in seiner »Japanischen Chronik« diese Geschichte erzählt, berichtet dort auch von seinem japanischen Bekannten, der ihm 1955 sagte, er gehe nicht gerne in die öffentlichen Bäder – wegen seiner Tattoos. »Er hatte seinen Kriegsdienst auf einem Atoll verbracht, wo nichts los war. Also ließ sich seine ganze Abteilung aus Leichtfertigkeit und Langeweile von oben bis unten mit militärischen Slogans tätowieren, deretwegen man ihn heute auslacht.«[21]

Übermut und Langeweile wollen nicht zum Pathos passen, das die Zeichen auf der Haut so gerne verkünden. Aber vermutlich erklären sie genau deswegen ziemlich viele dieser Markierungen. Gruppendruck gehört wohl auch dazu. Gemeinsam erzeugen sie jenes kostbarste, wichtigste, echteste Gefühl, das man sich unter die Haut stechen lässt. Das bin ich, mein einzigartiges Selbst. Und gleichzeitig der Ausweis der Zugehörigkeit zu einer Vergnügungsgemeinschaft. Die sportliche Tiroler Hotelbesitzerin, neben der ich in einer Kommission saß, trug die Silhouette einer Bergkette als feine blaue Linie auf ihren Unterarm tätowiert. »Des is mia holt wichtig«, sagte sie lächelnd.

Was Tattoos so bemerkenswert macht, ist nicht unbedingt das, was auf ihnen zu sehen ist. Auch nicht, dass sie ihre Trägerinnen und Träger Geld gekostet haben und Zeit, manchmal ziemlich viel von beidem. Und ein bisschen Überwindung – die Prozedur kann durchaus schmerzhaft sein, vor allem bei größeren Bildern. Tätowierungen zeigen vor allem eines: So sehen die erfüllten Wünsche anderer Leute aus. Denn die haben sich die Motive ja ausgesucht, um über sich selbst Auskunft zu geben, ganz freiwillig und auf der eigenen Haut.

7. Bescherung

*»Hope is always
hope for the wrong things.«*

Adam Phillips

Es gibt eine Zeit im Jahr, da sieht das Land Banalistan anders aus als sonst. Alle Jahre wieder. Ich lebe in der aufgeklärten westlichen Moderne, aber nicht zwischen dem 6. und dem 25. Dezember. Da glauben alle ans Wünschen, und noch an ein paar andere Dinge mehr, zum Beispiel an Bilder von Santa Claus, Rudolf dem Rentier, dem Christkind und den Engeln (aus dem Heiligen Land, aber immer blond) mit Weihnachtsstern, Ochs und Esel. Wie christlich sie sind, ist ein bisschen unklar. Eher ähneln sie den bunten Hindugöttern, die sich ineinander verwandeln können, ein polytheistischer Konsumhimmel voller Zimtsterne, Schokoladenengel und Stofftiere. Neuzugänge sind jederzeit willkommen, jedenfalls wenn ich der Pressesprecherin der Firma Steiff glauben darf: »Der Teddybär gehört einfach zu Weihnachten.«[1]

So wie das Wünschen. Jeder darf eine Wunschliste machen. Dabei glaube ich nicht nur an Stofftiere und Pressemitteilungen, sondern auch an meinen eigenen Glauben an die Tradition, und diese Tradition ist eine ländliche Szenerie, tief verschneite Idylle zwischen Tannenbäumen. Die heile Welt von früher, aus der ich und alle anderen – auch daran glauben wir – eigentlich kommen. Und dorthin wünsche ich mich wieder zurück, alle Jahre wieder, im Namen der Liebe im Allgemeinen und der Familie im Besonderen.

Der Herr der Wünsche

Ob meine Tochter je an das Christkind oder den Weihnachtsmann geglaubt hat, weiß ich nicht; die Erwachsenen tun das ohnehin für sie. Meine Nachbarn stellen jedes Jahr Ende November ein Schild ins Treppenhaus: »Santa please stop here«. Die vom Haus gegenüber hängen eine lebensgroße rotweiße Plastikfigur an ihre Fassade, die mit Bart, Mütze und Sack auf ihr Schlafzimmerfenster zu klettert. Tun sie das eigentlich für die anderen oder für sich selbst? Schwer herauszufinden. Weil Weihnachten das Fest der Pflicht ist, und die Pflicht heißt: Ich soll wünschen. Infantilisierung, so lernt man jedes Jahr im Dezember bei uns in Banalistan, ist eine sehr ernsthafte Angelegenheit. Und regiert wird sie vom Herrn der Wünsche, dem Weihnachtsmann.

Der Heilige Nikolaus hat Migrationshintergrund, er kommt aus der heutigen Türkei. Seine Reliquien kamen im 11. Jahrhundert nach Süditalien, und die Wundergeschichten, mit denen er im Mittelalter populär wurde, sind alle ein bisschen unheimlich. Einem Mann, der seine drei Töchter in die Prostitution verkaufen muss, um seine Schulden zu tilgen, gibt der Heilige anonym einen großen Goldklumpen. Drei Knaben, die ein Gastwirt aus Habgier getötet, zerstückelt und eingesalzen hat, um sie seinen Gästen als Essen vorzusetzen, macht der Heilige wieder heil und lebendig.[2] Er ist deswegen der Beschützer der Kinder, aber was hat das mit Weihnachten zu tun?

Eigentlich nichts, sondern mit modernen Unterhaltungsmedien. 1847 erschien ein weißbärtiger Alter mit Tannenbaum auf dem Rücken in den Münchner »Fliegenden Blättern« als »Herr Winter«; in Amerika ab den 1860er Jahren als »Old Santa Claus«. Seine heutige Form in dicker rotweißer Winterkleidung mit weißem Bart bekam der Weihnachtsmann 1931 auf einem Werbeplakat der Firma Coca-Cola. Im selben Jahr 1931 erschien nicht nur die große historische Studie des Volkskundlers Karl Meisen über den heiligen Nikolaus, sondern, mit erheblich größerer Wirkung, auch der Disney-Zeichentrickfilm »Santa's Workshop«. Seither stellen fleißige Zwerge im Hauptquartier des Weihnachtsmanns am Nordpol die Geschenke her, die er dann mit von Rentieren gezogenem fliegendem Schlitten zu den Kindern transportiert.[3]

1951 ließen französische Priester, erschrocken vom Erfolg des amerikanischen Imports bei ihren Gläubigen, eine Figur des Weihnachtsmanns in Dijon öffentlich verbrennen – allerdings ohne Erfolg. Der historische hl. Nikolaus von Myra wurde 1969 mangels historischer Quellen aus dem Heiligenkalender der katholischen Kirche gestrichen. Und der weltweit größte Hersteller von Weihnachtsmann-Mützen ist derzeit die Firma Jiang Jiangping in China. So sieht die gute alte Zeit aus, aus der Nähe betrachtet.

Aber höre ich deswegen auf, mir zu Weihnachten die heile Welt von früher zu wünschen? Nein, weil Wünschen Verbindungen stiftet: Wer mitwünscht, gehört dazu. Wer sagt, dass er sich etwas anderes wünscht, nicht. Es gibt keine Privatfolklore, die gegen den Weihnachtsmann und gegen die Christbaum-, Krippen- und Engelerlebniswelten ankommt. Weihnachten muss Weihnachten sein.

Auch im Ausnahmezustand. Gerade im Ausnahmezustand: Ein deutscher Politiker wusste schon im November 2020, dass das kommende Weihnachtsfest angesichts der ansteckenden Krankheit Covid-19 in Deutschland »das härteste seit dem Zweiten Weltkrieg« sein würde. Offenbar braucht Weihnachten die deutsche Kombination von Härte und Rührung besonders dringend. »In dieser Zeit, die alle unsere Härte verlangt«, schrieb die Reichspropagandaleitung der NSDAP in einer besonderen Broschüre zur »Kriegsweihnacht« 1942, sei das Fest besonders wichtig. »Die Feierstunde ist mit voller Absicht ohne jede Pause oder Unterbrechung aufgebaut. Jedes Gelingen wird davon abhängen, dass man sich unbedingt an diese Voraussetzung hält. Also die Feierstunde muss pausenlos durchgeführt werden.«[4]

»Dein Fest, mein Fest, unser Fest« titelte die *Süddeutsche Zeitung* am 24. Dezember 2020, als Reisebeschränkungen und Ausgangssperren die üblichen Weihnachtsfeiern unmöglich gemacht hatten, und beschwor dessen »besondere Magie«. Mit Jammern geht das offenbar besonders gut. Das Virus habe geschafft, »was keine Macht der Welt bislang geschafft hat«, nämlich das Weihnachtsfest »geschrottet«, wusste ein anderer Autor eine Seite vorher. Jetzt lebe »das Volk« (das stand da wirklich) »im Dunkel der Pandemie«. Überschrift: »Zerrissener Himmel«. Ein dritter beklagte »die kalte Stille, die vor allem nachts über diesem Land liegt«, von keinem »warmen Licht erhellt«.[5] Meinten die kritischen Journalisten das wirklich so?

Die Wünsche nach Weihnachten sind die nach der Rührung durch Weihnachten. »Das Wünschen«, hat der Ethnologe Thomas Hauschild in seinem Buch über den Weihnachtsmann geschrieben, »ist wahrscheinlich die einfachste Form der Religion. Es ist die Form, aus der wahrscheinlich alle anderen hervorgegangen sind, Geisterkulte, Hochreligionen und auch noch die Heilserwartung und Unduldsamkeit, die wissenschaftlichen Lehren anhaften können.«[6]

Deswegen soll ich nicht nur zu Weihnachten sagen, was ich mir wünsche, sondern das ganze Jahr über. Im Gegensatz zur Wissenschaft, wo die Wünsche häufig unerfüllt bleiben, stellen sich ziemlich große Teile der Konsumwelt als Wunschverwirklichungszone dar: der Pauschalurlaub und der Netflix-Account, die Shoppingmall und das Frühstücksbuffet im Wellness-Hotel. »Das ist es, was Du Dir eigentlich wünschst«, sagt mir jedes Plakat und jeder Werbespot – beziehungsweise nicht nur mir, sondern allen Leuten, die daran vorbeikommen. »Wir können Gefühle erzeugen und Wünsche wecken«, versichern die Werber. Sie versichern das nicht unbedingt mir, sondern denen, von denen sie Aufträge möchten. »Bauknecht weiß, was Frauen wünschen« hieß das 1954; der Slogan war dann fast fünfzig Jahre in Gebrauch. »Was Sie Liebe nennen«, sagt der stolze Werbehäuptling Don Draper in der Serie *Mad Men*, »haben Leute wie ich erfunden, um Nylonstrümpfe zu verkaufen.«[7] Was gewünscht werden soll, wird vom Anbieter diktiert.

Das Erwecken von Wünschen wäre also die serielle Schaltung, auf der die Verbrauchersteuerung im 21. Jahrhundert beruht: Der Abstand zwischen dem Wunsch und seiner Erfüllung ist die elastische Leine, an der ich als Konsument hänge. Das Reden über die Wünsche ist der Motor, der tief im Inneren der

Konsumgesellschaft montiert ist. Und dementsprechend eng mit ihrer Geschichte in den Wirtschaftswunderjahren verbunden.

Wunscherfüllungen

Wünsch Dir was hieß die Fernsehshow, die von 1969 bis 1972 ausgestrahlt wurde, als deutsch-österreichisch-schweizerische Gemeinschaftsproduktion. In der kollektiven Erinnerung der Zuschauer von damals hat die Sendung einen besonderen Status: Sie ist zwar historisch, aber irgendwie untot. Wie die Suchmaschine *Was bin ich?* ist auch diese Fernsehserie in das kollektive Unbewusste einer ganzen Generation eingesickert. Erstaunlich viele Leute können spontan die Namen der Moderatoren aufsagen (»Dietmar Schönherr und Vivi Bach!«) und erinnern sich mühelos an einzelne Episoden; zum Beispiel an die, in der eine Familie sich aus einem in einem Wasserbassin versenkten Auto retten musste, und an den Auftritt einer Teilnehmerin mit durchsichtiger Bluse. Ich zum Beispiel. Das hat vermutlich damit zu tun, dass ich und die meisten anderen Zuschauer, die sich heute daran erinnern können, damals in der Pubertät waren. Und Befreiung aus dem Familienauto und durchsichtige Blusen in meinem Alltag nur selten bzw. gar nicht vorkamen.

Wünsch Dir was! Der Titel ist eine machtvolle Anrufung, die den Angesprochenen in die Pflicht nimmt, und zwar in die zur Selbstauskunft. Dabei bleibt offen, ob der Wunsch auch erfüllt werden wird. Hauptsache, er wird ausgesprochen, vor Publikum. Die Formel für das Wünschen ist deswegen nicht nur die Wunschliste und der Kitsch rund um Weihnachten, so vertraut und unentrinnbar die mir vorkommen mögen, sondern eine sehr viel modernere Erzählung; ein sehr schöner, wenn auch etwas düsterer Film.

Stalker ist von dem russischen Regisseur Andrei Tarkowski zwischen 1977 und 1979 gedreht worden. Durch ein unerklärliches Ereignis – Besuch der Außerirdischen? Meteoriteneinschlag? – ist eine Zone entstanden, deren Betreten verboten ist. Sie ist voller geheimnisvoller Gegenstände mit verlockenden Eigenschaften. Die Zone wird schwer bewacht: Der Stalker, eine Art grimmiger Pfadfinder und die Hauptperson des Films, bringt seine Kunden trotzdem hinein. Die Zone birgt tödliche Gefahren, aber im Inneren auch den »Raum der Wünsche«. Der Film schildert die Reise, die der Stalker mit zwei seiner Kunden, die nur als »der Schriftsteller« und »der Professor« vorgestellt werden, in die bedrohliche Zone unternimmt, zu dem magischen Ort, an dem die geheimsten eigenen Wünsche wahr werden.

Wunscherfüllung war offensichtlich nicht nur das Versprechen der westlichen Konsumgesellschaft der 1970er Jahre, in der Wünsch Dir was lief, sondern auch auf der anderen Seite des Eisernen Vorhangs, in der Gegenkultur der Sowjetunion. Tarkowskis Raum der Wünsche, hat der Schriftsteller Geoff Dyer dreiunddreißig Jahre später in einem Buch zum Film vermutet, hat sich allerdings nie irgendwo anders befunden als im Kopf jedes einzelnen Zuschauers.[8] Und er ist eine Falle. Wer verkündet »Hier werden Deine Wünsche Wirklichkeit!«, schreibt sich damit nicht nur die Macht zu, diese Wünsche zu erfüllen, sondern wählt auch aus, woraus der eigentliche, der wichtigste, der wahrhaftigste Wunsch denn jeweils besteht. Der Ort, an dem alle Deine Wünsche wahr werden, hat deshalb ziemlich totalitäre Züge.

Der Wunsch muss ausgesprochen werden; das unterscheidet ihn vom stillen Vorsatz und der stummen Sehnsucht. Das kann nur in der ersten Person geschehen. Was ich mir sehr wünsche, macht mich aber verlegen, weil es mich als ein Wesen mit Mängeln zeigt. Wünsche sind gleichzeitig hartnäckig und schrecklich empfindlich. Weil Wünsche und Befürchtungen eng miteinander verbunden sind, ist der Wunsch eben das, was ich nicht ohne weiteres aussprechen kann, weil es sonst kaputtgeht. Ich bin vorsichtig damit, meine Wünsche vorzuzeigen, damit sie nicht gegen mich verwendet, ins Lächerliche gezogen oder unmöglich gemacht werden.

Wie die eigenen Wünsche aussprechen, ohne mich zu exponieren? Ganz einfach: Sprich den Wunsch nicht für Dich selbst aus, sondern für andere. Am besten für Stumme, Nicht-Erwachsene, Abwesende und solche, die nicht die Macht haben, sich ihre Wünsche erfüllen zu können. Wer in ihrem Namen wünscht, dessen Sprecherposition ist gleich viel machtvoller. Selbstpositionierung mit dem Mangel anderer geht gleich viel flotter. »Nicht um meine Wünsche geht es hier, sondern um die der armen Kinder« – oder der stummen Verfolgten, der empfindsamen Gläubigen, oder der gekränkten Toten. Und deswegen darf mir nicht widersprochen werden.

Meine Wünsche sind kleine, selbsttätige Maschinen, die etwas mit mir anstellen. Sie sind konfus und widersprüchlich, und wenn ich von meinen Wünschen rede, muss ich von meiner Abhängigkeit von etwas reden, das ich nicht habe. Deswegen wünsche ich es mir ja. Je weniger ich mir meinen

Wunsch erklären kann, desto stärker sind seine Forderungen und sein Sog. Das mittelalterliche römische Recht, ein sonst nicht immer menschenfreundlicher Normenapparat, kannte den Grundsatz, dass niemand über das hinaus verpflichtet werden kann, was er vermag. Ulpian, 14. Jahrhundert: *Nemo ultra posse tenetur.* Das ist nicht nur barmherzig, sondern auch realistisch. Aber der eigene Wunsch setzt diese Regel außer Kraft.

Das ist auch die Pointe in den vielen Geschichten von der Fee, die verkündet, man dürfe sich jetzt drei Dinge wünschen. Das kleine Wort, das die nette Fee gebraucht, »jetzt«, ist verräterisch. Denn man *darf* nicht, sondern *muss* sich drei Dinge wünschen, und zwar auf der Stelle. Wie es weitergeht, wissen wir – aber nicht aus den Fernsehsendungen der Wirtschaftswunderjahre. Auch in Tarkowskis Film ist der Schrecken der Wunscherfüllung nur angedeutet. Die Geschichte von den drei Wünschen hat ziemlich viele Versionen, und sie sind alle eher nicht so lustig. Drei Schiffbrüchige auf einer einsamen Insel befreien aus einer zufällig angetriebenen Flasche einen Geist. »Dafür habt ihr drei Wünsche frei«, sagt der. »Ich möchte heim zu meiner Frau«, sagt der erste, und schwupps, weg ist er. »Ich zu meiner Mutter«, sagt der zweite – schon ist er verschwunden. »Oh«, sagt der dritte. »Jetzt bin ich allein. Wir hatten es so schön hier. Ich möchte, dass wir wieder alle zusammen sind.«

Jorge Luis Borges, Franz Kafka und Herbert George Wells haben die Folgen der erfüllten Wünsche nach Unsterblichkeit, nach dem Fliegen und nach Unsichtbarkeit aufgeschrieben – alles am Schluss sehr ungemütliche Zustände, wie der Leser erschrocken feststellt. Noch bösartiger ist die Fabel, die der Kybernetiker Norbert Wiener berichtet. Ein Vater wünscht

sich 200 Pfund – und erhält sie, als Schadenersatz für den töd-
lichen Betriebsunfall seines Sohnes. Er wünscht sich, der Sohn
möge zurückkehren, und auch dieser Wunsch wird erfüllt: Es
erscheint das, was von seinem Sohn übriggeblieben ist. In allen Varianten der Geschichte von den drei Wünschen wird der
Betreffende erst mit dem dritten, letzten Wunsch die Monster
wieder los, die er sich mit seinem ersten und zweiten selbst auf
den Hals geladen hat, mit knapper Not.[9]

»If I had three wishes«, haben die »Television Personalities«
1982 gesungen (eine notorisch unterschätzte Band), »I'd wish
for three more.«[10] In der Erfüllung der Wünsche bekommt
man meistens ein bisschen mehr als nur das, wonach man
sich gesehnt hat. Die Wünsche und die Erfüllungsszenarien
von früher wie die Fernsehserie *Wünsch Dir was* und Tarkowskis schöner Film von 1979 haben sich mittlerweile in Quellen
zur Geschichte kollektiver Empfindungen verwandelt. In ihnen
werden heute nachträglich ganz andere Bedeutungen sichtbar
als in den Jahren, in denen sie entstanden sind. Selbstverwirkli-
chung, Flexibilisierung, unvorhersehbare Lebensläufe, lebens-
langes Lernen: Jedes dieser Stichworte stand einmal für die
Wünsche und die politischen Utopien der 1960er und 1970er
Jahre. Heute stehen sie für die grimmige Realität der Selbstvermarktung.[11] »Alles, was wir uns wünschen, vorstellen und
erhoffen, trifft auch unausweichlich ein«, lässt Juri Andruchowitsch zu Beginn seines Romans »Zwölf Ringe« seinen Ich-Erzähler verkünden. »Aber immer zu spät und nie so, wie wir es
erwarten. Wenn es uns schließlich begegnet, erkennen wir es
nicht einmal.«[12]

»Was wünschst Du Dir?«, fragte ich meinen Bruder auf der
nächtlichen Stadtautobahn. Es schneite, und wir fuhren zu sei-

ner Tochter, die auf der Intensivstation im Krankenhaus lag, es war halb ein Uhr morgens, und wir waren müde und dünnhäutig, nächste Woche würde die Operation sein, die dritte, oder vierte. »Ich glaube manchmal«, sagte er, »es gibt zwei Arten von Wünschen. Die einen sind Versprechen von außen, die man irgendwann einmal bekommen hat. Das sind die Herzenswünsche, die Energie und Zuversicht produzieren, auf die Zukunft gerichtet und auf Dinge, die man irgendwann einmal machen wird. Und dann gibt es eine zweite Art von Wünschen. Das sind solche, in denen etwas wiedergutgemacht werden soll, das in der Vergangenheit geschehen ist oder eben nicht oder falsch geschehen, ein Loch, das gefüllt werden muss.« Es gebe Versprechenswünsche. Und Reparaturwünsche.

Dann kamen wir beim Krankenhaus an. Der Freund, dem ich das später erzählt habe, meinte lakonisch, die Vorstellung, man könnte zwischen dieser ersten und dieser zweiten Art Wünsche immer eindeutig unterscheiden, komme ihm sehr optimistisch vor. Das sei, vermute er, selbst schon ein Wunsch.

Im Namen der Liebe

Da gibt es noch einen Wunsch. Den ganz großen Erwachsenenwunsch, von dem so viele Romane handeln, Gedichtbände, jede Menge Ratgeberliteratur, psychologische Theorien und alle Opern und Operetten. Durch die Gefühlsmaschine Film ist dieser Wunsch seit 125 Jahren buchstäblich allgegenwärtig geworden, und in der Unterhaltungs- und der Popmusik erst recht. Alle fangen als Zwölf- oder Dreizehnährige an, davon zu träumen, und wir hören damit nicht mehr auf, weil wir die Symptome, die Dramaturgie und die Ohrwürmer dazu alle auswendig können. *She loves you yeah yeah, All you need is love,* tatarata. Der große kollektive Wunsch, der verspricht, ganz einzigartig individuell Wirklichkeit zu werden, wenn Du nur dran glaubst, wenn Du alles dafür tust und wenn Du bereit bist: für die große Liebe.

Mit Dir, lautet dabei eine beliebte Formel, ist es wie Weihnachten. Aber auf Dauer. Und für immer. Nirgendwo haben die eigenen Wünsche so viel Macht wie in der Liebe. Damit sie wahr werden, muss ich allerdings viel von mir mitteilen. Liebe und Selbstauskunft waren schon immer eng miteinander verbunden. Auch die Heiratsvermittler des 19. Jahrhunderts wollten eine ganze Menge von ihren Kundinnen und Kunden wissen, bevor sie tätig werden konnten – die entsprechenden Romane beschreiben das ebenso genau wie die einschlägige Fachliteratur. Ein populärer Bestseller im wilhelminischen Deutschland war Alice Behrends »Die Bräutigame der Babette Bomberling« von 1915, wo man die damit verbundenen Zwickmühlen ausgiebig (und sehr komisch) nachlesen konnte. Der Wiener Jurist Viktor Mataja lieferte 1920 in »Heiratsvermittlung und Heiratsanzeigen« die pragmatische Gebrauchsanweisung für die gebildeten Stände nach – eigentlich war er Fachmann für Reklame.[13] Und im 21. Jahrhundert beginnt jede Anmeldung in einer digitalen Partnervermittlung, auf einer Dating-Website oder bei einer Single-Börse mit der Eingabe meines Geburtsdatums, mit der ausführlichen Beschreibung meiner beruflichen Stellung, meiner Hobbys und Vorlieben. Und meiner Wünsche, natürlich. Ich tippe sie auch alle bereitwillig ein, denn schließlich will ich ja die Richtige, den Richtigen, die Erfüllung, die zu mir passt. Irgendwann fällt mir dann auch auf, dass diese Angaben auf der Plattform für die Erstellung meines Profils denen ähneln, die ich auf ganz anderen Websites eingegeben habe, in den sozialen Medien, in meinen Nutzer- und Kundenkonten. Zeig, wer Du bist, sagt das Profil, dann werden Deine Wünsche Wirklichkeit.[14]

Nüchtern betrachtet ist Liebe das Gegenteil von Auswahl. Ich kann es mir eben nicht aussuchen; und genau davon bin ich überrascht und bezaubert. Auch wenn die Heiratsvermittler und die digitalen Partnerbörsen mir das Gegenteil verkaufen möchten, ist sich verlieben nicht Wahlmöglichkeit, sondern Ausgewählt-Werden, und zwar beidseitig. Als Grund für ihre Verliebtheit kann die andere Person nur etwas unbeholfen angeben, dass ich ihr gefiele, dass ich eben so sehr ich sei. Und ich finde die Person, die mich so besonders findet, deswegen so anziehend, weil sie für mich Veränderung bedeutet und für das steht, was ich selbst aus mir machen möchte. Begehren von dieser großen starken Sorte fühlt sich nicht an wie Begehren, sondern wie ein unbekanntes, neues, noch nie zuvor gefühltes Gefühl.

Der große Wunsch der Liebe ist siegesgewiss, unverschämt und etwas blauäugig auf die gemeinsame Zukunft gerichtet. Ich verliebe mich, weil die geliebte Person die Gewissheit verkörpert, mich mit ihr in jene Version meiner selbst zu verwandeln, die ich mir immer schon gewünscht habe. Ihr geht es genauso, sagt sie. Die geliebte Person verkörpert mein eigenes Verlangen und macht es gleichzeitig unzugänglich, weil sie eben nicht mein eigener Körper ist. Sie wird zum Wunschtresor für das, was ich selbst in ihr verborgen habe. Daher auch der hübsche Ausdruck: mein Schatz.

Das ist Nahgeschichte in einem sehr praktischen Sinn: Ich verliebe mich, um die eigene Vergangenheit loszuwerden, deswegen mein Zeithunger auf gemeinsame Zukunft. Deswegen auch meine manische Ungeduld, weil ich mir wünsche, diesen ganzen Vorgang zu kontrollieren. Wer verliebt ist, überschätzt seine Möglichkeiten. Die Vorstellung, in einer aufgeklärten Welt zu leben, kann man dabei lernen, ist um einiges verbreiteter als der Wunsch nach Selbstaufklärung über diese Vorstellung. Diese Selbstauskunft fällt so emphatisch wie möglich aus, denn in Liebesdingen glauben wir an Magie.

Zürich 2019: Fußgängersteg über die Limmat. Am Geländer hängen Hunderte Vorhängeschlösser, eines neben dem anderen. Manche davon sind beschrieben, mit Initialen oder ganzen Vornamen; eines hat die Form eines indischen Elefantengottes, in schwerer Bronze. »Jetzt ist das hier auch so«, seufzt der Kunsthistorikerfreund. In Paris und Venedig hingen sie überall an den Brückengeländern, mittlerweile so zahlreich, dass sie wegen drohenden Einsturzes der Brücke regelmäßig entfernt werden müssten. Die Liebenden hängen das Schloss ans Geländer und werfen den Schlüssel in den Fluss, als magische Beschwörung von Unauflöslichkeit. Diesen Wunsch nach magisch fixierter Irreversibilität – ab jetzt für immer! – haben allerdings nicht alle, sehe ich. Denn manche Verliebte hängen Nummernschlösser auf die Brücke. Die kriegt man wieder auf, wenn man sich an den Code erinnern kann. Eines hat die Form eines rosa Herzens.

Valentinstag, 2014: Wer liebt, schreibt Pater Michael Bordt im Magazin der *Süddeutschen Zeitung*, will Macht über den anderen. Und braucht sie auch, sonst bleibt die Liebe Hirngespinst. Das werde gerne verdrängt. Macht, schreibt der freundliche

Geistliche, Lehrer an der Jesuitenhochschule, sei nicht unbedingt Gewaltherrschaft. Ihre effektivste Form bestehe vielmehr darin, dass der andere das denken und empfinden soll, was ich selbst denke und mir wünsche. »Und wer wünscht sich das nicht.«[15]

Diese Abhängigkeit ist Treibstoff und Klebstoff zugleich. Unterwerfung unter die neue starke Bindung fühlt sich befreiend an, weil sie alte Bindungen (plus Schuldgefühle) verschwinden lässt. Deswegen ist im Namen der Liebe so gut wie alles erlaubt, inklusive erstaunlicher Spielarten von Missbrauch. Die effizienteste Macht lässt sich im Namen von etwas schwer Greifbarem ausüben, in dessen Namen ich selbst spreche: der gemeinsamen großen Liebe.[16]

Der rhetorische Kunstgriff, im Namen der Liebe von meinen eigenen Wünschen zu sprechen, ist so verlockend und im besten Sinn unwiderstehlich, dass ich ihn selbst nur als Rückenwind und Schwung wahrnehme, während ich ihn einsetze. Die Liebe stellt mir eine radikal verbesserte imaginäre Version meiner eigenen Person zur Verfügung: Eine Art Vision, wie ich eigentlich im besten Sinne sei, nämlich entschieden, klar und zärtlich zugewandt. Diese Vision ist bestimmt für das Paar, das ich mir vorstelle, also virtuelle Selbsterzeugung. Und deswegen materialisiert sich Liebe so häufig einfach als Pflicht. Oder als Falle – manchmal mit tödlichem Ausgang. Liebesverhältnisse, bestehende oder abgewickelte, sind in Deutschland und der Schweiz statistisch der häufigste Begleitumstand von Totschlag und Mord.[17]

Und natürlich materialisiert sich Liebe auch als Tätowierung – denn das ist die körperliche Variante des Schlösseraufhängens auf der Brücke, genauso unwiderruflich. Und schön intim, aber zum Herzeigen. Noch an dem allerkleinsten Herz und dem unauffälligsten Zeichen, schreibt Paul Henri Campbell in seinem Buch über die Tattoos, hänge für ihre Trägerinnen und Träger »eine lange, voluminöse, herzzerreißende Story«.[18]

Spätestens an dieser Stelle beginnt ein kleines Warnlicht zu blinken. Es ist vielleicht nicht unbedingt eine gute Idee, die eigenen »Dank Dir wird alles in meinem Leben jetzt sofort gut«-Wünsche über die geliebte Person zu stülpen. Oder sich gemeinsam in ein Schloss zu sperren, zu dem man den Schlüssel fortwirft. Es wird leicht etwas eng und finster da drin.

Wunscherfüllung Teil 2

Wunscherfüllung in Liebesgeschichten ist auffällig oft wortlos. Man hat einander angestrahlt. Man ist miteinander ins Bett. Dieses Pochen des Fleisches ist wunderbar neu, und die Person riecht himmlisch gut. (Sicheres Zeichen.) Ich bin eingesponnen in etwas, das ich vorher nicht benennen konnte, in einen Zauber, eine Wolke. Ein paar Wochen oder Monate später beginnt sich dieser magische Nebel langsam wieder aufzulösen.

Und damit sind auch die Wünsche wieder da. Wünsche sind beständig, weil eigene Mängel auch recht treu sind. Meine eigenen Wünsche werden zu einer Art Haustier oder besser (denn sie sprechen ja zu mir) zu Familienmitgliedern, ziemlich anhänglichen. Ich arbeite daran, sie zu erfüllen, und sie verändern sich dabei. Immer zu langsam, scheint es, während ich umgekehrt beständig von meinen eigenen Wünschen bearbeitet werde, wie ich in der Rückschau merke. Immer nur in der Rückschau.

Etwas mehr als vier Jahre nach John Perry Barlowes »Unabhängigkeitserklärung des Cyberspace«, am 4. Mai 2000, machte ein Schadprogramm Schlagzeilen, das sich per E-Mail verbreitete. Wer die Nachricht und den angehängten Brief öffnete, startete ein Programm, das sich selbständig an alle im persönlichen Adressbuch gespeicherten Adressen weiterverschickte und in allen angeschlossenen Laufwerken Dateien überschrieb, wenn man das gängige Microsoft-Programm verwendete. In der Betreffzeile der E-Mail stand: »I LOVE YOU«. Innerhalb von 24 Stunden kopierte sich das Programm auf mehrere Dutzend Millionen Rechner, unter anderem von großen internationalen Firmen wie Ford und Merryll Lynch.[19] Offenbar sehnten sich sehr viele Computerbenutzer innig nach Liebe. Aber will man wirklich wissen, was die Selbstauskunft enthält, die so emphatisch Abhängigkeit verkündet?

»Ich liebe Dich« ist im Land der Paare die magische Schwurformel, die immer wieder neu eingefordert werden darf. Wenn sie in einen festen juristischen Rahmen gebracht wird, wird sie gerne mit etwas verbunden, das uns schon begegnet ist: der Selbstauskunft mithilfe von alten Fotos. Vintage, wie bei »Vintage Vienna«, nur diesmal nicht über das Wien von früher, sondern in eigener Sache. Auf Hochzeitsfesten werden gerne auf einer improvisierten Leinwand Schnappschüsse von Braut und Bräutigam in den Windeln gezeigt, als Kleinkinder mit den Eltern am Strand oder am See. Der Beamer wirft sie als Heranwachsende mit komischen Frisuren an die Wand, und die Hochzeitsgäste schauen mit Weingläsern in der Hand zu. Alle diese Fotos und Filme können so demonstrativ von Intimität künden, weil sie sich auf anheimelnde Weise ähneln.

Beim ersten Mal war ich ein bisschen gerührt, aber nach der vierten oder fünften Hochzeit mit Kinderbildern auf der Leinwand in Endlosschleife ging mir auf, dass diese Diashows vermutlich nicht nur unbeschwerte selbstgemachte Unterhaltung für die Freunde sind. All das Vergangene, das ja auch Bestandteil ganz anderer Geschichten geworden sein könnte, wird in eine Reihenfolge gebracht, die beruhigenderweise auf die jetzt gerade stattfindende Hochzeit zuläuft. Die Klassenzugehörigkeit von Braut, Bräutigam und deren Eltern wird dabei praktischerweise auch gleich vorgeführt. Die Bildgeschichte – »fotoromanzo« heißt das auf Italienisch – zeigt nicht nur die Notwendigkeit, sondern die Zwangsläufigkeit der Heirat. Sie wird dadurch zum erfüllten Wunsch, in dem das alles passt, zum Privatfilm mit Happy End. Von Liebe ist auch in der alltäglichen Wunderwelt der sprechenden Waren ununterbrochen die Rede. »Wir machen Bio aus Liebe.« »Aus Liebe zum Automobil.« »Aus Liebe zur Küche.« Liebe ist die euphemistische Chiffre für Arbeit: abhängige Arbeit, von der die Sprecherinnen und Sprecher behaupten, sie hätten sie immer schon machen wollen.

Zürich, 2015: Das neu verheiratete Paar hatte sich das sehr bestimmt gewünscht. »Du musst jetzt aber einmal zu uns zum Abendessen kommen.« Eigentumswohnung mit Seeblick, dunkel gebeizte Fußböden, begehbare Schränke, Bad mit extra Lautsprecher, und alle Schubladen stoßgedämpft: Wenn man sie mit Schwung zustieß, verlangsamten sie auf den letzten Zentimetern und schlossen sich ganz sanft von selbst. Das alles wurde dem Besucher vorgeführt, und am Schluss war der

Stolz auf das besondere Senfgelb in der Küche (»Le Corbusier, original!«) von Scham fast nicht zu unterscheiden. Hier war ein Paar-Wunsch zu sich selber gekommen, stoßgedämpft und selbstschließend.

Könnte es sein, dass die Paar-Partner sich gegenseitige Errettung aus einer Zwangslage versprechen, die sie miteinander erst erzeugen, die Double Binds des großen Wunschs? Ab einem bestimmten Alter – Ende dreißig, ab Mitte vierzig sowieso – bin ich behängt mit den Ergebnissen meiner eigenen Wünsche. Ich habe sie erfolgreich erworben, und sie sind mitgealtert, in Form von Ehegatten, Kindern, Immobilien und Tätowierungen. Diese Früchte der Liebe sind Materialisierungen dessen, was ich mir in der Vergangenheit gewünscht hatte, so wie die akademischen Titel, die Bücher, das Designersofa und die Einbauküche, und auf jedem dieser Dinge steht groß: »Das wolltest Du. Und jetzt hast Du es.« Ich bin so eine Art Weihnachtsbaum, dekoriert.

In der abendländischen Philosophie diskutieren die Spezialisten seit vielen Jahrhunderten, ob eine Handlung gleichzeitig notwendig und desaströs sein kann, aber in der Praxis tun wir das dauernd. Wir in Banalistan nennen es Vorwurf. Dabei wirft jede Paarhälfte der jeweils anderen Mangel an Gefühl, Aufmerksamkeit und Respekt vor; denn nie ist man so unangreifbar wie in jenen Momenten, wenn man von sich selbst als gefährdet spricht. Der Vorwurf nagt an dem Gemeinsamen, das er zu verteidigen vorgibt.

Wie jede gute Tyrannei hat das auch Vorteile für den oder die, die sich ihr unterwirft. Die von mir verkündete bedingungslose Bindung an die geliebte Person schützt mich vor der Wahrheit über meinen eigenen Wunsch. Es gibt etwas, das ich mag, ohne zu wissen, dass ich es mag, und das ist Selbstbestrafung. Das ist nicht nur bei mir so. Dieser Wunsch ist ein wirksames Machtmittel: Selbstbestrafung erzeugt wie durch Zauberhand die Rechtfertigung für das eigene Handeln, egal wie egoistisch oder bizarr es ausfällt. »Ich darf das, weil ich so sehr leide. Meine Schmerzen und Entbehrungen durch meinen Wunsch sind so groß, dass ich dafür nicht kritisiert werden darf.« War *das* der Wunsch?

»You live the results of old plans«, hat die Künstlerin Jenny Holzer geschrieben und den Slogan dann im Herbst 2004 als riesiges Werbebanner von Flugzeugen über New York ziehen lassen – aber nur drei Tage lang, von eins bis halb vier Uhr nachmittags.[20] Ein Paar sein heißt zusammen Pläne machen. Ein Paar sein findet zu beträchtlichen Teilen im Territorium der Wünsche schlechthin statt, in der Zukunft. Und die ist eine Wildnis.

Das schlecht gelaunte Paar vor mir, im Bus: »Wieso gehen wir eigentlich nie miteinander ins Kino?«

»Dann mach doch einen Vorschlag.«

»Immer, wenn ich einen Vorschlag machen möchte, bist Du nicht da.«

Vorwürfe sind auch Selbstauskunft, und jedes Paar ist dabei eine Rückkopplungsanlage: das Gegenüber mit Gefühlen anstecken, die es dann verstärkt zurücksendet. Daraus ergibt sich alles andere: Dass mir am anderen nicht dessen, sondern meine eigenen Eigenschaften so sehr auf die Nerven gehen, gespiegelt und vergrößert. Dass ich mich gegen die Ängste meines Gegenübers verteidigen muss, obwohl ich die gar nicht habe. Und das ewige, unantastbare häusliche Gesetz, dass die Person mit den stärksten Depressionen – oder Obsessionen –

die meiste Macht darüber hat, was passiert. Oder nicht passiert. Blöderweise hat sie selbst nichts davon und erlebt sich als Opfer, ausgeliefert an die Unzuverlässigkeit der anderen. Die Person, die ich treffe, kann ohne weiteres gleichzeitig die Erfüllung meiner eigenen Wünsche und lebenslange unauflösliche Unterwerfung sein.

»Weißt Du«, sagt die angetrunkene Freundin auf der Party, »wie mir die Paare vorkommen, wenn sie mit Dritten reden? Wie eingehüllt in etwas, das man nicht sehen kann. Der Klebstoff, der sie zusammengebracht hat, ist mittlerweile getrocknet. Übrig bleibt dieser Schutzüberzug. Der war einmal dampfendes Drachenblut. Jetzt ist er eine zähe Lederhaut für zwei. Das sind alles unverwundbare Siegfriedinnen und Siegfrieds, aber sie haben nichts davon.«

Liebespaare müssen ja auch tapfer sein. Der andere soll einen vor den Mängeln und Verletzungen der eigenen Biographie erstens beschützen und sie zweitens ungeschehen machen. Das findet geschlechterspezifisch statt. So wie es toxische Männlichkeit gibt – demonstratives Durchleiden absurder Aufgaben, Selbstbestrafung als Konkurrenzkampf, sadomasochistische Hierarchiespiele –, gibt es auch toxische Weiblichkeit: die Fehler des Gegenübers als Schuld moralisch hochfahren, aggressive Opferkonkurrenz, dauerndes Ändern der Spielregeln bei gleichzeitiger Forderung nach Verlässlichkeit. Beide Spielarten machen das eigene Leiden zur Gefühlsverpflichtung des Gegenübers. Und beide sanktionieren nichts so scharf wie ironische Distanz.

All die Hochzeiten, sagt die angetrunkene Freundin auf der Party, kämen ihr wie Betriebszugehörigkeitsjubiläen vor: Feier der Bindung. Die Glückwünsche und die Reden, die dabei gehalten würden, handelten vom Wollen-Sollen und von der Liebe als Erfüllung, und zwar als Erfüllung der Pflicht. »Das ist nun wirklich die Todeszone der Lust«, sagt sie. »Wenn ich sie mir wünschen muss.«

Es gibt erfolgreiche Wunscherfüllungen, mit denen sich schlecht leben lässt. »Mein Gott, woher hat er nur solche Ohren bekommen?«, fragt sich Anna Karenina in Tolstois Roman, als sie ihren Mann auf dem Bahnsteig beim Aussteigen aus dem Zug wiedertrifft. Das Zusammenleben schafft genau den Zauber ab, der die Liebenden zusammengebracht hat. Die begehrte Person, die ich mir so innig herbeigewünscht hatte, beginnt sich durch die dauerhafte große Nähe zu verformen. Wie in einem verlangsamten Film bekommt sie ein verzerrtes Gesicht und verbogene Gliedmaßen, bis sie als eine Karikatur ihrer selbst erscheint. Wenn das vor meinen eigenen Augen abläuft, glaube ich es zuerst nicht, das kann doch nicht sein. Das ist ein Irrtum, sage ich mir, ein böser Zeichentrickfilm; aber es geschieht wirklich, und natürlich nicht mit dem Gegenüber, sondern nur mit mir selbst. Ich schlucke erst einmal und hoffe, dass es vorbeigeht. Aber es geht nicht vorbei. Es ist nicht die andere Person, die sich da verändert, sondern meine eigene Wahrnehmung.

Und sie riecht auch nicht mehr gut – dieselbe Person, die am Anfang so wundervoll gerochen hat, auch verschwitzt, unausgeschlafen, verkatert, immer. »Wie der andere riecht?«, sagt die Zürcher Freundin und wird auf einmal sehr ernst. »Darüber redet man nicht. Mit niemandem. Nie.« Tue ich auch nicht. Aber irgendwann ist es dann soweit, dass ich mir das alles eingestehe. Und noch einmal schlucke und dann sage: »Das habe ich mir nicht gewünscht.« Und nicht weiterwünschen und nicht weiterlieben müssen ist dann die große Erleichterung.

Die amerikanische Filmemacherin Risa Mickenberg hat ein Buch aus den Alltagsweisheiten gemacht, die ihr New Yorker Taxifahrer erzählt haben. Über Ehepaare: »People look so much better alone.«[21] Das ist auch ein Wunsch: mir wieder selbst gehören. Er markiert die Grenze der erwünschten Selbstauskunft. Über diesen Wunsch lässt sich zu Weihnachten nie sprechen, dem großen Bestätigungsfest der bereits vorhandenen Gefühle. Der Wunsch ist trotzdem da. Schließen. Löschen. Neuanfang alleine ohne die enge Bindung von früher, ohne die Bindung an früher, ohne die Nahgeschichte, die ich nicht mehr aushalte und nicht mehr möchte. Trennung. Schnitt. Ab jetzt ist alles anders.

Auch dieser Wunsch lässt sich übrigens sehr gut mit farbiger Tinte unter die eigene Haut schreiben, als Erinnerung an den Moment der wiedergewonnenen Selbständigkeit und als Talisman für den Neubeginn. Logisch, dass die Tätowierungen immer mehr werden.

Ursachenforschung

Der ganz große Wunsch ist leicht zu erkennen; nämlich daran, dass ich ihn nur durch einen mindestens ebenso großen anderen Wunsch wieder loswerden kann. Auf den Schnitt, die Trennung, den Neuanfang folgen Mischungen von Trauer und Wut – beides eher hilflose Zustände. Liebesgeschichten verwandeln Verlassende und Verlassene gleichermaßen in Historikerinnen und Historiker in eigener Sache. Sie führen nachträgliche Es-muss-doch-einen-Grund-gegeben-haben-Dramen auf, jeweils mit sich selbst als leicht irrem Detektiv in der Hauptrolle. Wenn der selbstgemachte Zeichentrickfilm mein geliebtes Objekt von früher aufgelöst hat, dann kritisiere ich erst einmal die anderen. Es finden sich schon welche, am besten die ehemals begehrte Person. Ihr Verrat ist nur ungenau beschreibbar, aber deswegen umso ungeheurer.

Von allen Formen der Zuwendung ist die Verdächtigung die komfortabelste. Sie verlangt keine Anstrengungen von mir. Dank meiner Verdächtigung behalte ich auf magische, schwerelose Weise immer recht. Die Idylle und geglückte Verschmelzung, die ich so vermisse, hatte es in der Wirklichkeit nur in einzelnen magischen Momenten gegeben, aber die schmückt meine Erinnerung jetzt ordentlich aus: Als Verlorenes werden sie zu einer Perfektion vergrößert, die sie damals möglicherweise nie hatten – wäre es denn sonst schiefgegangen? Denn wenn die Beziehung so schön war, so stark und unzertrennlich, wieso ist sie dann auseinandergefallen? Das Haltbarste an Lieben ist so ironischerweise das, was weg ist.

Das ist unangenehm. Deswegen nimmt die Liebe von früher so häufig die Gestalt eines bewaffneten Rachefeldzugs an. Dann verwandeln sich die guten Zeiten, die man in der Vergangenheit miteinander gehabt hat, in die Schuld desjenigen, der die Liebesgeschichte beendet hat – eine umso größere Schuld, je länger und besser die Zeiten gewesen sind. Die gemeinsamen guten Zeiten stellen sich im Nachhinein als falsch und als Betrug heraus, sie werden zu verkehrten Zeiten, bösen Nächten und schlimmen Reisen, also zu noch mehr vergangenen Leiden der Person, die gerade verlassen worden ist.

Wenn ich auf der Entschädigung beharre, die mir zusteht, bleibe ich allerdings drangehängt an das große Unrecht, das ich mit meiner Anklage nicht kleiner mache. »Abgehängt« ist ein abfälliges Wort, aber will man auf immer angehängt bleiben? Wo ist eigentlich die Taste »Undo« hin, die es früher auf Computertastaturen gab? »Du musst die neue Bewegung ungefähr zehntausend Mal ausführen, bevor sie richtig drin ist«, sagt mir der freundliche Physiotherapeut, bei dem ich wegen meiner Rückenschmerzen bin. Ich lerne: So geht verlernen. Es ist Arbeit.

Erst wenn ich falsch liege, unübersehbar falsch, superfalsch, dann komme ich weiter. Das gehört in die Hände der zuständigen Spezialisten. Doktor Schnitzler, würden Sie bitte übernehmen? Sie erinnern sich: Das ist der aus dem ersten Kapitel, der so genau aufgeschrieben hat, mit wem er im Bett war, und wie oft. Aus Arthur Schnitzlers »Traumnovelle« hätte ich erfahren können, dass die eigenen Wünsche und Phantasien erst dann bedrohlich werden, wenn ich sie in der Wirklichkeit umsetzen will. Wenn ich die Wunschphantasie Phantasie bleiben lasse, passiert gar nichts. Und dass es kein zweites Passwort gibt, das ich wissen muss, um das Rätsel meiner eigenen Wünsche zu lösen. Was ich weiß, ist ausreichend. Wenn das Begehren erfüllt ist, löst es sich auf. Was mir gelingt, wird zuerst banal und dann vollständig unsichtbar, im Paarleben sowieso. Vollständig erscheint es erst dann wieder, wenn es kaputtgegangen ist, als Nachbild.

Deswegen – auch das wusste Doktor Schnitzler – kann ich zwar um Verzeihung bitten, aber nichts wiedergutmachen. Es wird sich sowieso im Nachhinein verändern und in etwas anderes verwandeln, auch dann, wenn ich es festzuhalten und zu konservieren versuche. Vor allem dann. Das Zürcher Paar mit der schicken Eigentumswohnung von 2015 ist jetzt auch nicht mehr zusammen. Trennung unter bösen Umständen, zuerst hat sie sich einen scharfen Anwalt genommen, Spezialist Scheidungsrecht, dann er. Was aus der Wohnung geworden ist, weiß ich nicht. In den 1990er Jahren hat der Schweizer Haushaltsgerätehersteller Zug für seine Waschmaschinen mit dem Slogan geworben: »Hält doppelt so lange wie eine durchschnittliche Schweizer Ehe.«

Also scheitert man mit den Wünschen auf jeden Fall? Veränderungen sind erst einmal buchstäblich formlos. Die vertrauten Zeichen, die Orientierung ermöglicht haben, fallen weg. Das schlimmste mögliche Ergebnis von Veränderung ist deswegen nicht das Unvorstellbare. Glück schafft gewöhnlich das ab, was vorher innige Wünsche gewesen waren. Die sind auf einmal irrelevant geworden, und ich bin sie los – meistens merke ich das erst hinterher.

Das richtig große Unglück dagegen erkenne ich daran, dass es mich beständig zu meinen eigenen alten Wünschen zurückschickt. Ich probiere es dann einfach noch einmal. Und kehre zurück zu genau den Sehnsüchten und Plänen, die mir die Flamme, die Affären und die Verletzungen verschafft haben. Ein Wunsch, der immer wieder auftritt, ist irgendwann kaum mehr zu unterscheiden von dem, was in alten Texten Verwünschung geheißen hat. Am liebsten und innigsten leide ich offensichtlich an dem, was ich mir gewünscht habe.

»Schon blöd«, sagt der frisch getrennte Freund, »aber ich glaube nicht mehr dran. An die Vollversorgung durch eine einzige Person, die alles abdeckt. Mit der man zusammenwohnt, Sex hat, Kinder erzieht, ins Kino geht, den Film bespricht, mit der man alles gemeinsam hat, von der Einbauküche bis zu den intellektuellen Vorlieben. Das kann doch gar nicht funktionieren. Aber wieso glauben dann alle anderen daran?«

Weil die Scheidungsrate bei 60 Prozent liegt, sagt die Freundin. Wir sitzen immer noch auf der Party in der Küche, es ist spät, aber jetzt trinkt sie Kaffee. »Weil das, was Dir passiert ist und mir passiert ist und ihm, fast allen passiert. Und jeder glaubt, nur Du oder ich oder die da habe es falsch gemacht und sich zu wenig bemüht und sei deshalb schuld. Oder sein Paarteil, das kommt auf dasselbe heraus. Das Allerstabilste ist ein Ideal, das von niemandem erfüllt werden kann.«

»Und dann«, sagt der frisch getrennte Freund, »gibt es ja noch die vielen Männer und Frauen, die sich das Objekt angeschafft haben, das sie lieben muss und das sie nach ihrem Belieben herumkommandieren dürfen. Sie führen es auf der Straße aus, so dass es jeder sehen kann: ihren Hund.«

Die Geschichte von den fatalen drei Wünschen gibt es auch in einer Version für Paare. In Robert Louis Stevensons Erzählung »The Bottle Imp« ist es eine Flasche, die ihrem Besitzer jeden Wunsch erfüllt. Liebe, Macht, Geld: Kein Problem, aber wenn der Besitzer stirbt, nimmt ihn die Flasche natürlich mit in die Hölle. Der Besitzer kann die Wunschmaschine nur loswerden, wenn er sie für bares Geld weiterverkauft, und zwar zu einem Preis, der niedriger ist als jener, den er selbst dafür bezahlt hat. Möchte man die perfekte Wunscherfüllung unbedingt für sich selbst, oder ist es einem doch lieber, wenn der andere sie bekommt? Der Preis für die Flasche, zu Beginn unendlich hoch, ist am Ende der Geschichte natürlich sehr, sehr niedrig.[22]

Stevenson hat die Geschichte 1891 in der Südsee geschrieben, einem nur vermeintlich paradiesischen Ort. Verfilmt wurde sie in Deutschland, Arbeitstitel: »Zwei auf Hawaii.« In die Kinos kam die Erzählung dann nach den gewalttätigen Säuberungen der Nationalsozialisten 1934 unter dem Titel *Liebe, Tod und Teufel*. Es gibt Wunscherfüllungen, die kann man gar nicht erfinden.

Neujahr

Ein großes leeres Studio. Menschen in Trainerhosen auf Matten. »Entspann Dich«, sagt der freundliche Yogalehrer. »Schließ die Augen. Gib das Gewicht an den Boden ab. Stell Dir ein geparktes Auto vor, in dem ein Hund sitzt. Wenn Du an dem Auto vorbeigehst, wird der Hund darin anfangen, aufgeregt auf und ab springen und laut zu bellen; er meint nämlich, dass er das Auto verteidigen müsse vor dem vorbeigehenden Passanten. Meistens«, sagt der Yogalehrer, »sind wir selbst der Hund. Das, was passiert, hat mit uns nichts zu tun. Und wir könnten das aufgeregte Aufspringen und Bellen eigentlich genau so gut lassen.«

»Versteh ich schon«, sagt jemand in dem stillen Raum. »Aber wie komme ich dann aus dem versperrten Auto wieder heraus, so als Hund?«

Sie erschöpfen mich, meine Wünsche. Ich werde nie fertig mit ihnen. Sie überfordern mich. Scheitern sie deshalb so oft, die armen Werber, die mir tapferem Konsumenten mit Plakaten und Anzeigen sagen möchten, was ich mir doch bitte wünschen soll? Die deutschen Frauen wollten seit 1954 eben doch nicht nur die Küchengeräte von Bauknecht, sondern noch ganz andere Dinge. Der Wunsch und seine Erfüllung sind in einer Art Möbiusband verbunden: eine sich wiederholende Endlosschleife, in der ich immer an derselben Stelle vorbeikomme, aber auf der anderen Seite, wo die Erfüllung eben gerade nicht ist.

Wer länger über Wünsche nachdenkt, dem wird eine eher simple Tatsache deutlich, auch wenn die mit Weihnachten nicht kompatibel ist, und mit Werbeslogans für Küchengeräte oder Bezahlfernsehen auch nicht. Auf Dauer kann man mit erfüllten Wünschen weniger gut leben als mit unerfüllten. Ist der große Wunsch unerfüllt geblieben, ist das erst einmal ein Scheitern. Aber wenn ich alles versucht habe, damit der Wunsch in Erfüllung geht, immer wieder, dann kann ich ihn schließlich in etwas anderes verwandeln, durch Fragen. Will ich das, oder muss ich das? Wenn es nämlich nicht geht, dann muss ich es auch nicht müssen. Höfliche Verabschiedung: Ich bin eine freie Person. Tschüss, Wunsch. Der gescheiterte Wunsch ist ja eben nicht nur Scheitern, sondern schafft den leeren Platz, der Veränderung ermöglicht. Also wäre dasjenige, das einen glücklich macht, das Ding jenseits dessen, was man sich gewünscht hat, das unerwartete Objekt.

So geht Bescherung, und eigentlich weiß ich das auch. Falls ich es vergessen habe, werde ich spätestens zu Weihnachten daran erinnert, alle Jahre wieder. Deswegen heißt es ja das Fest der Liebe. Es demonstriert, dass beim Wünschen der Wunsch nach Unabhängigkeit und Eigenständigkeit nicht honoriert wird und auch nicht honoriert werden kann. Der Weihnachtsabend ist vielleicht der unheimlichste aller Feiertage, weil er das Heimelige von früher totalisiert: Das Ritual der Wiederholung des Immergleichen – das Christkind und die Weihnachtsgans, der Weihnachtsmann, der Schinken in Brotteig oder der Dresdner Stollen, je nach Gusto und Sprachregion – wird als trotziges Eigenes ausgedrückt. Ich wünsche es mir, weil es kitschig ist und ich es wiederhaben will.

Gemessen daran, mit welcher überschwänglichen Euphorie jedes Jahr der Advent begrüßt wird, ist allerdings die Schnelligkeit auffällig, mit der die Dekoration am 28. Dezember verschwindet. Das war auch im Jahr 2020 so. Am 24. Dezember hatten die Qualitätszeitungen auf ihren Titelseiten die endgültige Zerstörung der Weihnachtsidylle und das alleingelassene Volk im Dunkeln beklagt. In ihrer nächsten Ausgabe am 28. Dezember wurde auf denselben Seiten vom drohenden Untergang des Kinos durch digitale Filmanbieter, vom Ansturm auf österreichische Skigebiete während der Feiertage und von den überlasteten psychiatrischen Kliniken durch die Covid-19-Pandemie berichtet. Von der Idylle, der großen Stille, dem Christkind, dem Weihnachtsmann und irgendwelchen innigen religiösen Empfindungen war nirgendwo mehr die Rede.[23] Medien spenden Trost vor der Bedrohung, die sie selbst heraufbeschwören; jeden Tag neu. 1456 verordnete Papst Calixtus III. der lateinischen Christenheit ein Glockensignal zu Mittag, bei dem jeder Christ drei Vaterunser gegen die Türken beten sollte: genannt »Türkenläuten« oder »Angstläuten«. Wird heute möglicherweise von den Nachrichtenmedien übernommen.

Der 28. Dezember ist der Tag der Unschuldigen Kinder, sagt mein katholischer Heiligenkalender. König Herodes lässt alle männlichen Kleinkinder in Bethlehem umbringen. Das ist zwar komplett erfunden, aber ein traditionelles christliches Fest. Es

wurde jahrhundertelang begangen und von Giotto, Fra Ange-
lico, Breughel, Rubens und vielen anderen gemalt. Familien-
tauglich ist es aber nicht, und für Werbung eher ungeeignet;
es wird deswegen im 21. Jahrhundert ignoriert. Wenn dieses
Datum erreicht und Weihnachten vorbei ist, sind alle erleich-
tert – wenigstens mir kommt es jedes Jahr so vor. Weihnachten
ist die sentimentale Beschwörung von früher. Der 1. Januar dagegen der Anbruch der Moderne. Neustart. Klarheit. Fühlt sich
gut an.

Jetzt, am Schluss, kann ich ja herausrücken mit meiner eigenen Theorie über Stevensons Superwunschmaschine – und
über alle Erzählungen von Verträgen mit dem Teufel. Die Geschichte macht aus mir, ihrem Leser, den Besitzer der Flasche.
Den Zwang, den die Flasche ausübt, erzeuge ich selber. Den
teuflischen Pakt habe ich mit niemand anders geschlossen als
mir selbst; derselben Instanz, die mich auch wieder daraus ent-
lässt, mithilfe eines Satzes, der ganz einfach ist und deswegen
umso schwerer auszusprechen: »Ich muss nicht.«

Das Ergebnis dieser Nahgeschichte lautet also: Ich konnte
mir vor zwanzig, vor zehn, vor fünf Jahren alles Mögliche vorstellen, aber nicht, dass meine eigenen Empfindungen – und
erst recht meine eigenen Wünsche – in der Zukunft völlig anders sein würden. Aber genau das sind sie, jetzt.

Das kann einen nachdenklich machen, weil hier die Verlässlichkeit jeder Art von Selbstauskunft an ihre Grenzen stößt. Ich
kann nicht in meine eigene Vergangenheit zurück, und umso
weniger, je fremder, erklärungsbedürftiger und unbegreiflicher
sie mir heute erscheint. (Bei Liebesgeschichten kommt das
häufiger vor.) Wenn ich über die Vergangenheit Auskunft gebe,
projiziere ich meine jetzigen Empfindungen und Wertungen

zurück auf Orte und Personen von früher, obwohl die sich damals für mich sehr anders angefühlt haben. Ich weiß es im Nachhinein besser, aber ohne daraus zusätzliche Informationen gewinnen zu können – außer dass ich jetzt recht habe, weil ich damals recht hatte.

Als Ergebnis ist das auf den ersten Blick irgendwie beruhigend, auf den zweiten aber unbefriedigend. Mein Gehirn, sagen mir die freundlichen Experten aus der Psychologie, lässt das, wofür ich mich entschieden habe, sofort in einem besonders positiven Licht erscheinen, und zwar vor allem deshalb, weil ich mich dafür entschieden habe. Diese Selbstgratifikation ist Teil des eigenen psychischen Immunsystems, kognitive Reparatur von Folgeschäden und Verschönerung des eigenen Selbstbilds in einem. Und unerschöpflicher Antrieb für die Selbstauskunft.

8. Hinterher, jetzt

»Bin ich vielleicht immer noch zu sehr Ich,
um angenommen zu sein?«

Klaus Heinrich

»Die Persönlichkeit ist dort zu finden,
wo sie am schwächsten eingesetzt wird.«

Diedrich Diederichsen

Es gibt ihn, den Sound der guten alten Zeit. Er ist die Klage. Niemand könne sich mehr konzentrieren. Alle Gebildeten seien abhängig von der dauernden Aufpeitschung durch Drogen, sexuelle und literarische Perversionen, schrieb der Pariser Arzt und jüdische Sozialist Max Nordau 1892 in einem Buch, das zu einem europäischen Bestseller mit fataler Wirkungsgeschichte wurde. Das Deutsche sei bedroht wie nie zuvor, so 1911 der dichtende Freiherr Börries von Münchhausen: Die »Fremdwörterei der besseren Stände« töte jahrhundertealtes deutsches Sprachgut, und »in Geschmacksfragen haben wir längst unsere Eigenart an westeuropäische Kleidermoden und Sitten verloren«.[1] Die schweizerische Heimat sei durch Überfremdung auf immer zerstört, wusste der Historiker Hektor Ammann 1917.

Und der deutsche Bundeskanzler Ludwig Erhard, immerhin Autor eines Buchs namens »Wohlstand für alle«, klagte 1965, dass »der produktive Elan unserer Gesellschaft zunehmend dem Genuss des Erreichten« weiche. Vor allem die Jugend wolle nur versorgt werden und nichts mehr leisten.[2]

Die Liste lässt sich problemlos ins 21. Jahrhundert verlängern. Der endgültige Untergang von Lesefähigkeit und Buchkultur zum Beispiel wurde 1929 (durch Film und Grammophon), 1964 (Fernsehen und Taschenbuch), 1993 (durch das Internet) verkündet und seither alle zwei bis drei Jahre wiederholt.[3] Niemand behält zuverlässiger recht als derjenige, für den alles immer schlimmer wird. Kulturpessimismus ist eine sich selbst bestätigende Haltung, in der jede Veränderung sofort zum Anzeichen des unwiderruflichen Niedergangs wird. Seine Vertreter (meistens männlich und über fünfzig) können sich an alles zuverlässig erinnern, außer an das überraschende Neue. Die Klagen der traurigen älteren Männer folgen aber nicht auf die Umbrüche, wie sie selber meinen, sondern gehen ihnen voraus, und zwar seit mindestens 150 Jahren. Denn das Vortreffliche ist natürlich dann am besten, wenn es bereits kaputtgegangen ist. Mit dieser Haltung kann man sich gar nicht irren, und deswegen ist sie auch so beliebt. Dafür wird man aber selber bitter und traurig.

Meine Befürchtungen, das bin Ich

Die Vorstellung, man könne anderen Leuten Böses anwünschen, ist eitel und ein bisschen kindisch. Aber bei einem selbst funktioniert das ganz ausgezeichnet. Und dafür – genau dafür – benutze ich die Anrufung der Vergangenheit am häufigsten. Mit Verlustangst kann ich nur richtig liegen, weil sie meine Wünsche nach Rechthaben, Selbstbestätigung und kollektiver Zugehörigkeit verlässlich erfüllt, wenn auch leider nur rückwirkend. Gegen die Behauptung, etwas unscharf Definiertes werde immer mehr oder gehe unaufhaltsam kaputt, ist kaum anzukommen. Das ist das Schöne am kulturpessimistischen Jammern: Es ist mühelos und verpflichtet zu nichts. Deswegen handelt es auch nicht von der Zukunft, obwohl es das behauptet. Sondern ist Selbstauskunft derjenigen, die es betreiben.

November 2020: Das befreundete Paar war unsicher. »Sollen wir wirklich zum Abendessen kommen, bei diesen hohen Ansteckungszahlen? Na gut, aber nur wir drei.« Wir hatten bei Weißwein und Salat ganz heiter angefangen und uns gegenseitig von der irrealen Schönheit der stillen Apriltage während der ersten Ausgangssperre erzählt. Beim Hauptgang gerieten wir aber in die Zukunft, und die sah düster aus. Eine Art Wettbewerb entstand: Ich weiß ein Bedrohungsszenario, das beunruhigender ist als Deines. Ich kenne eine Wissenslücke über das Virus, die noch bedrohlicher ist als Deine. Meine Maske ist besser als Deine Maske. Deine Maske ist nicht sicher genug. Keine Maske ist sicher genug. Du musst Dich mehr fürchten, als Du es jetzt tust, weil nur darin die einzig mögliche Rettung liegt, Erlösung aus der Schuld, das alles nicht rechtzeitig ernst genug genommen zu haben.

Als ich einwandte, dass die europäische Bevölkerung sich in den letzten zweihundert Jahren auf eine ganze Reihe tödlicher neuer ansteckender Krankheiten erfolgreich eingestellt habe, gegen die es damals weder Medikamente noch Impfungen gegeben hatte, und dass alle diese Krankheiten, Cholera, Tuberkulose, Influenza und AIDS, jedes Mal einen Schub technischer und sozialer Innovationen ausgelöst hätten, von der modernen Kanalisation über öffentliche Freibäder bis zu vernünftiger Sexual- und Drogenpolitik, wurde darauf einfach mit der nächsten bedrohlichen Unvorhersehbarkeit geantwortet. Es waren ja genug da. Beim Dessert war die Zukunft endgültig zum schwarzen Loch geworden, das drei Personen an einem Abendessentisch verschluckte, an dem sie sich eigentlich getroffen hatten, um eine gute Zeit zu haben.

Nachher ging mir auf, dass ich Zeuge im Wettkampf geworden war, wer von den beiden eigentlich der oder die Gefährdetere und Schutzbedürftigere sei: Er mit seinem Bluthochdruck und Bauch, sie mit ihrer eigensinnigen achtzigjährigen Mutter. Selbstviktimisierung ist Selbstauskunft in besonders optimierter Form. Sie erlaubt, die Forderung nach Aufmerksamkeit für die eigenen Empfindungen – ein Ich berichtet von seinen intensiven Ängsten, Sorgen und Leiden – mit Anrufungen der ersten Person Plural zu verbinden, der Beschwörung des Wir als gefährdeter Erregungs-, Verantwortungs- und Pflichtengemeinschaft.

Am unheimlichsten war, wie rigoros Personen, die ich vorher als offene, neugierige und gelassene Freundinnen und Kollegen gekannt hatte, angesichts der neuen Krankheit für strikte Schließung, Disziplinierung und Abschottung des Alltags eintraten. Das geschah im Namen der Verteidigung des Vertrauten (aber war es noch vertraut?), des Lebens als Paar (aber hatten die nicht auf Partys vorher über das enge Leben zu zweit geklagt?) und der Pflichten. Die Pflichten waren das, worauf es jetzt ankam. Die Institution, in der ich arbeite und die beim Mitarbeitertreffen im Sommer 2019 enthusiastisch auf Selbstauskunft gesetzt hatte, wie im ersten Kapitel beschrieben, zur Teambildung *beyond leadership* – »Sag Deinem Nachbarn, wer Du jetzt bist und wie Du Dich fühlst!« –, forderte mich und alle meine Kolleginnen und Kollegen per E-Mail auf, diejenigen von uns, die sich nicht an die Maskenpflicht und zahlreiche andere Verordnungen hielten, sofort mit Namen zu melden.

Bei einem besonders düster verlaufenen Abendessen im Februar 2021 hatte eine Freundin mit großer Intensität über ihre eigenen Angstzustände berichtet. Ich wollte sie trösten und erinnerte sie, dass die neue ansteckende Krankheit zwar furchteinflößend und schwer kontrollierbar sei, aber insgesamt doch nicht sehr tödlich, verglichen mit früheren Epidemien oder den jährlichen Opfern der Tuberkulose in armen Ländern.[4] Vielleicht sei ich ja nur ein begriffsstutziger Historiker, sagte ich, aber sei eine Seuche, in der die Kinder gesund blieben und die Supermärkte gut gefüllt, wirklich das Ende der Welt, wie wir sie kannten?

Das löste einen Ausbruch aus, den ich weder erwartet hatte noch provozieren wollte. Du wirst schon sehen, sagte sie. Es werde auch die bisher Verschonten treffen, gerade die Jüngeren, die Kinder, das fange schon an, es gebe bereits die ersten Hinweise, und sie konnte nicht mehr aufhören davon zu sprechen, wie verfehlt, kurzsichtig und hedonistisch die offizielle Politik angesichts dieser Bedrohung sei. Ihre Angst verschmolz mit einer zweiten, genauso glühenden Empfindung, die jetzt über den Esstisch wogte: der Genugtuung, dass diejenigen, die diese Angst nicht teilten, ihrer Bestrafung durch die Krankheit nicht entgehen würden.

In ihrem öffentlichen Corona-Tagebuch, das ab März 2020

in der *Süddeutschen Zeitung* und im Jahr darauf als Buch erschien, hat die Kritikerin Carolin Emcke auf noch einmal andere Weise vorgeführt, wie demonstrative Selbstauskunft in der Krise funktioniert. Ich nehme das Leiden der Benachteiligten auf mich, könnte man ihre Formel zusammenfassen, und gebe ihm den stärkstmöglichen Ausdruck. Sie fühle das Unrecht intensiver, deswegen dürfe, nein: müsse sie die Benachteiligten verkörpern. »Ohne Sprache, ohne das Schreiben fühle ich mich wie ein Obdachloser ohne Heimat«, schrieb sie, und: »Nachts bringt mich die blanke Erschöpfung in den Schlaf.«[5]

Emckes Ich als Ausweis ihrer Unmittelbarkeit und Intensität ist an alle gerichtet, die ähnlich empfinden, und wird in gemeinsame dringende Pflichten ausgefaltet. »Wenn wir jetzt nicht nachweisen, was wir können und warum es uns braucht, dann werden wir nicht überleben«, schrieb sie im März 2020. Ihre erste Person Plural erscheint zuerst als Aufforderung zu Umkehr und Buße – »Was haben wir über den Sommer nur gedacht?«, fragt sie sich zerknirscht – und dann als Aufruf zu mehr Disziplin. »Alles bewusster abwägen, bloß nicht intuitiv, bloß nichts aus dem Affekt heraus tun«, wusste sie im November 2020, »das erfordert die Situation.«[6] Jede Gemeinschaftsstiftung per Selbstauskunft benötigt eine Figur, die uns bereits mehrfach begegnet ist: den Feind, der sich aus Arroganz und bösem Willen der Einsicht nicht nur verschließt, sondern sie aus niedrigen Motiven verzerrt. Bei Carolin Emcke ist es der abgewählte amerikanische Präsident, mit dessen Hilfe sie ein Wir als Gefühls- und Erlösungsgemeinschaft aufspannt.[7] Weil Trump sich so obszön und abstoßend verhält, gehören wir, Leserinnen und Leser, alle zusammen. Und deswegen muss jetzt von unseren Pflichten gesprochen werden.

Selbstauskunft mit Ich und Wir angesichts der neuen Krankheit ist ein Selbstverbesserungsprojekt, wie das Reden über Heimat am Ende des 19. und am Beginn des 20. Jahrhunderts. Es gibt starke Ähnlichkeiten im Stil, in der Beschreibung der verlorenen Idyllen von früher; und wie bei den Protagonisten der Heimat um 1900 treten die Sprecher vorzugsweise als Lehrer oder Pfarrer auf. Ich schätze Carolin Emcke als Reporterin sehr, und ich teile ihre politische Position, aber ich möchte lieber kein Teil ihrer moralischen Erregungsgemeinschaft sein.

Die großmäulige Gegenkultur der 1980er Jahre, in der ich sozialisiert bin, hatte rigide und teilweise sehr moralische Züge – davon ist weiter oben schon die Rede gewesen. Aber Vergnügen war in ihr eine politische Forderung, gerade im Namen des Widerstands gegen Unrecht. Bands wie Fugazi, No Means No und Chumbawamba brachten das in hoher Lautstärke (und mit viel politischem Pathos) auf die Bühne, und wir tranken Bier und tanzten dazu. Mittlerweile ist mein Alltag, wie der von Carolin Emcke, eher von frühem Aufstehen, gelehrten Büchern, Tee und Johann Sebastian Bach bestimmt. Aber ihr Tagebuch zu lesen fühlt sich an, als wäre man bei der sympathischen, aber furchteinflößend akkuraten Lehrerin (Deutsch und Philosophie Leistungskurs) zu Hause eingeladen. Sie ist schrecklich nett und umsichtig; gleichzeitig sorgt sie dafür, dass keiner eine gute Zeit hat. Man fühlt sich mangelhaft und moralisch ungenügend.

Vergnügen ist aber notwendig, und gerade dann, wenn die politische Öffentlichkeit angesichts einer unkontrollierbaren ansteckenden Krankheit von Verboten und Bußpredigten bestimmt ist. Vom Vergnügen sprechen ist Risiko. Wer vom eigenen Vergnügen spricht, räumt ein, dass er sich irren könnte.

Wer aber im Namen des Ich nur von den eigenen Ängsten und Leiden kündet und im Namen des Wir von unabsehbar großen, schweren, gemeinsamen Pflichten, der kann nur richtig liegen.

Auffallend war im langen Coronajahr 2020/21 jedenfalls, wie häufig der Verlust von etwas beklagt wurde, das vorher nicht positiv benannt werden konnte, als es noch da war. Jammern ist dem Wünschen eng verwandt. Was man beklagt, besetzt man. Bei wiederholter Anwendung besitzt man es dann auch. Beziehungsweise umgekehrt. Im Deutschen heißt es ja auch sehr schön: sich beschweren.

»Wir spüren eine Zielstrebigkeit des Süchtigen«, hat der Philosoph Klaus Heinrich 1964 überlegt, »die uns verwirrt. Er scheint nicht nach Befriedigung, sondern nach Enttäuschung süchtig zu sein.«[8] Angsthaben und die kollektive Klage über übermächtige Veränderungen, so wurde in den Ausnahmezuständen durch Covid-19 in den Jahren 2020 und 2021 unübersehbar, sind Genuss an der Selbstauskunft: Ich enttäuschtes, unschuldiges Opfer. Das geht in der ersten Person Singular – »ich habe recht, weil ich mich mehr fürchte als Du« – genau so gut wie im Plural: »Wir haben das nicht verdient und müssen uns jetzt alle zusammen noch mehr zusammennehmen, um die Gefahr zu überwinden.«

Das Wir, egal ob bei Ehepaaren oder bei Nationalstaaten, ist nicht nur Immunsystem, sondern gleichzeitig Befürchtungsgemeinschaft, und in ihr sind die Lust am Angsthaben, am Verbieten und am Klagen über Angstmachen und Verbote problemlos kombinierbar mit der Lust an Schuldzuschreibungen. Vergnügungssüchtige Partygeher verbreiteten die Krankheit weiter, hieß es monatelang in deutschen und schweizerischen Zeitungen, verwirrte Verschwörungstheoriker ohne Maske, verant-

wortungslose Auslandsurlauber (ein ganz frisches Feindbild –
zuvor war noch das hart verdiente Recht auf Ferien eingeklagt
worden) und angeblich enthemmt knutschende Halbwüchsige
auf der Straße und in den Clubs. Unerträglich war im langen
Coronajahr 2020/21 offenbar nicht das anonymisierte und
weitgehend unsichtbare Sterben von Alten und Kranken in
geschlossenen Einrichtungen, sondern das vermeintliche Genießen anderer Leute: Nichts wurde mit so furchterregenden
Konsequenzen dargestellt wie fröhliche Wurstigkeit.

Denn Angst ist der Zustand, in dem ich immer recht behalte.
Die Künstlerin Jenny Holzer hat 2004 noch einen zweiten
Slogan über New York fliegen lassen, neben dem von den eigenen Plänen von früher, in denen man jetzt lebe. »What you fear,
overtakes you.« Angst, so konnte man in den Jahren 2020 und
2021 lernen, kann ohne weiteres Selbstauskunft und kollektive
Pflicht in einem sein: Sie übermächtigt mich, aber gleichzeitig
ist sie eine große Erlaubnis, mich auf meine eigenen Bedürfnisse nach Trost durch Rechtbehalten zu fixieren. Wenn das
Befürchtete nicht eintritt, dann deswegen, weil ich vorsichtig
gewesen bin. Wenn es eintritt, habe ich es eben schon vorher
gewusst. Und die anderen sind schuld.

Sind Befürchtungen deshalb so schwer von Hochmut zu unterscheiden? »Ich empfinde so wie die allermeisten anderen«
ist offenbar eine nur schwer erträgliche Feststellung. Jeder von
uns ist im Stillen davon überzeugt, gescheiter zu sein. Und
zwar nicht nur gescheiter und empfindsamer und differenzier-
ter als die anderen, sondern auch als er oder sie selbst. Ich, lautet die Kurzformel für diese Zuversicht, verstehe nämlich, wie
ich mich selbst austrickse: Selbstentlarvung als Versprechen
auf Fortschreiten in Zonen geringerer Selbsttäuschung. Heraus

kommt eine Art Meta-Optimismus. Die Zuversicht, durch intensivere Selbstauskunft eine verbesserte Kontrolle über mich selbst zu erlangen, verbessert tatsächlich das eigene Wohlbefinden – und darin bin ich vermutlich den besorgten Tagebuchschreibern des 17., 18. und 19. Jahrhunderts ähnlicher als ich gerne zugebe. Zusammen mit der Fähigkeit des schnellen und vollständigen Vergessens aller Dinge, die diesem Selbstbild widersprechen.

Und was lernt man daraus? Dass es ziemlich viel Arbeit ist, das ungeplante Neue so ernst zu nehmen wie das Vertraute, an dessen Stelle es tritt. Es geht mir aber besser, wenn ich die Dinge mit brüchigerer, zufälligerer und lockererer Bedeutung versehe und mich daran erinnere, dass ich gewöhnlich nicht gemeint bin von dem, was ich sehe. (Und lese.) Das vermeintliche Vorzeichen ist einfach Wetter. Es muss nicht enträtselt und ausgedeutet werden, weil es sich dauernd weiter ändert, und zwar unabhängig davon, wie ich es interpretiere.

Regeln für Erwachsene

Die Erinnyen, die griechischen Rachegöttinnen der Antike, waren in Arbeitsteilung tätig. Alekto kann nicht aufhören, Megaira ist der neidische Zorn, Tisiphone will Wiedergutmachung. Sie sind Schwestern der Aphrodite und entstehen bei derselben Gelegenheit, der Kastration des Zeitpatriarchen Chronos, aus dem dabei vergossenen Blut. Diese Rachegöttinnen, sagt meine kluge Freundin, gibt es wirklich. Sie sind meine eigene Zukunft, der ich nicht entkommen werde, personifiziert durch die ängstlichen, mürrischen und gekränkten Rentner in Bussen, Zügen und in den digitalen Kanälen.

Andere Göttinnen gibt es aber auch. Zürich, Juni 2020. Die Ausgangssperren nach der ersten Welle der Pandemie waren aufgehoben, und ein schlampiger, unplanbarer, aber berückend schöner Sommer war ausgebrochen. Im Japanischen gibt es einen eigenen Ausdruck für das abendliche Zwielicht nach Sonnenuntergang; wenn es zwar noch hell ist, man aber keine Gesichter mehr erkennen kann. Wörtlich übersetzt heißt er: »Wer ist das?«[9] Ich war auf dem Weg zum Bahnhof, als ich die drei Frauen sah – mitten in der Limmat, in Unterwäsche. Sie hatten ihre Kleider zusammen mit einem tragbaren Lautsprecher, aus dem Musik ertönte, am Ufer abgelegt. Ich konnte ihre Gesichter im Abendlicht nicht erkennen, das Wasser ging ihnen bis zum Nabel, die eine schmal und dunkelhäutig, die anderen beiden weiß und rund. Ihre BHs leuchteten im Abendlicht, der Fluss gluckerte, sie tranken irgendetwas und lachten, mythologische Erscheinungen unter dem hellen Abendhimmel.

Wenn bei Vorträgen oder in Leitartikeln emphatisch von der ganzen Wahrheit, dem ganzen Volk und der ganzen Person gesprochen wird, kommt mir das vor wie bei meiner strengen oberösterreichischen Großmutter, Jahrgang 1899, die stets darauf bestanden hatte, dass alles ganz aufgegessen werde. Ihre eigene Selbstauskunft über sich und ihre Familie in den Wechselfällen des 20. Jahrhunderts beruhte allerdings darauf, dass nie die ganze Geschichte erzählt wurde, sondern sehr viel weggelassen, anderes vergessen. Das machte es einfacher, sich als Opfer darzustellen.[10]

Vielleicht hat ja Gustav Gans, der Vetter von Donald Duck

aus Carl Barcks Comic-Universum Entenhausen, einen ge-
spenstischen Doppelgänger, der nicht ganz so viel Glück hat
wie er, dafür aber alles immer vollständig erledigen muss:
Gustav Ganz. Niemand ist freiwillig und gerne Gustav Ganz.
Und angesichts einer neuen ansteckenden Krankheit erst recht
nicht. Ich persönlich habe ohnehin mit Unentschlossenheit
und halben Sachen ziemlich gute Erfahrungen gemacht. Gegen Verträge mit dem Teufel, eigene und fremde, hilft Inkon-
sequenz.

Lange vor seiner Unabhängigkeitserklärung für den Cyberspace hat John Perry Barlow, damals noch Texter für das
Musikerkollektiv der »Grateful Dead«, Regeln für erwachsenes
Verhalten aufgestellt – 1977. Sei geduldig, mit anderen und
mit Dir selbst, schrieb er. »Gesteh Deine Fehler ein.« »Geh davon aus, dass anderen Leute die Beweggründe für ihr Handeln
ebenso gut und nachvollziehbar erscheinen wie Deine eigenen
Dir selbst.« »Vergiss nicht, dass Du Dich irren könntest, gerade
wenn Du Dir sicher bist.« »Rangordnungskämpfe machen
Dich unsicherer, nicht sicherer.« »Sag die Wahrheit.« »Belaste
Dich nicht mit Dingen, die Du nicht ändern kannst.« Es gebe
in fast allen Situationen mehr Möglichkeiten zum Handeln, als
es auf den ersten Blick erscheint; sie wollten gefunden werden.
»Ertrage Unklarheit.«

Ich gebe die Liste hier nur in Auszügen wieder; sie ist ziemlich lang und kursiert in unterschiedlichen Varianten im Netz.[11]
In manchen ist auch prominent von »Demut« die Rede. Ich
bin mir allerdings nicht sicher, ob die eine dominante Eigenschaft von Propheten der amerikanischen Gegenkultur im Allgemeinen und von John Perry Barlow im Besonderen gewesen
ist. Diese Demut sieht eher nach Marketing aus – für Barlow

ebenso wie für die »Grateful Dead«, deren Mitglied er war. In Sachen Werbung waren die ziemlich gut.[12]

Eines zeigt Barlows Liste von 1977 sehr deutlich. An die Stelle der älteren Disziplinierungsermahnungen – sei fleißig, freundlich und wahrhaftig, von den Puritanern des 17. bis zu den Hippies des 20. Jahrhunderts – ist am Beginn des 21. Jahrhunderts eine neue moralische Anrufung getreten. Sie wird mit derselben selbstverständlichen dröhnenden Intensität vorgetragen. Stell Dich dar. Zeig, wer Du bist und was Du magst. Das ist die neue soziale Pflicht, die ich – zusammen mit vielen anderen – in meinen privaten Auskünften in den digitalen Kanälen brav erfülle, und mit diesem Buch sowieso.

Aber was genau ist daran privat? Privatautos, hat der Architekt und Stadtplaner Benedikt Loderer geschrieben, seien fahrende Gefängnisse, die sich ihre Inhaber selbst angeschafft hätten und die ihre realen Möglichkeiten extrem begrenzten. Deswegen heißt der teure 8-Zylinder-Geländewagen bei meinem Autohändler um die Ecke aus dem ersten Kapitel vermutlich ganz zu Recht »Autobiography«. So gesehen sind die am meisten verbreiteten Selbstauskunftsapparate meiner Gegenwart, die Smartphones, selbst bezahlte Überwachungskameras und digitale Fußfesseln ihrer Besitzer in einem – die erste elektronische Fußfessel sah vielleicht nicht zufällig der heutigen Apple Watch zum Verwechseln ähnlich.[13]

Für beide Geräte gilt, dass ihre Besitzer stolz auf sie sind. Geht mir auch so. Im Normalfall bin ich auf das stolz, von dem ich abhängig bin. Sture hierarchische Systeme, vertrackte Liebesgeschichten, komplizierte Familien, böse Autoritäten: Ich bin ihnen unterworfen und kann deswegen eine grimmige Würde einfordern, von anderen, Dritten, meinem Publikum.

Diese Gratifikation ist ein bisschen giftig, aber sie wirkt. Ich bin Ende fünfzig, und ich kenne das als das Veteranenparadox: Ehemalige Angehörige von revolutionären Kampfgruppen, militärischen Verbänden, akademischem Mittelbau, Start-up-Firmen und anderen Selbstbestätigungszirkeln beziehen ihre trotzige Selbstdefinition zuverlässig aus dem, was sie verletzt und beschädigt hat.

Ging meiner Großmutter aber auch so, und vermutlich liegt hier auch die Motivation für den »See You in Valhalla«-Pullover des bayerischen Polizisten, mit dem ich begonnen habe. Der Polizist weiß recht genau, dass der tätowierte Wikinger darauf mit seinem langen Hippiezopf, dem Bart und dem Totenkopf ein trauriges und miserables Leben hatte. Aber er will auf dessen und auf sein eigenes Leiden stolz sein.

Stimmungsaufhellende Mittel

Und hier hört sie auf, die Selbstauskunft. Wenn mein Ich ein Körper ist, dann löst sich dieser Körper andauernd auf, während ich in der Zeit nach vorne falle, und bildet sich neu. Ich habe nämlich gar nicht mehr den Mund, mit dem ich vor einem Monat über mich selbst Auskunft gegeben habe. Meine Lippen und meine Zunge werden alle zwei Wochen erneuert, meine Haut alle vier Wochen. Ich habe alle fünf Tage neue weiße und alle drei Monate neue rote Blutkörperchen. Die Zellen der Blutgefäße und des Darms werden alle fünf bis sieben Tage ausgetauscht, sonst wäre ich längst tot; die Oberfläche meiner Lunge alle acht Tage, meine Knochen alle zehn Jahre.

Jedes lebendige Gewebe, hat der Biologe Colin Tudge geschrieben, ersetzt sich andauernd selbst. Es ist kein Ding, kein fester Gegenstand, sondern Performance – eine Aufführung.[14] Das hat einige ganz lustige Konsequenzen. Ein Paar anständige Bergschuhe oder ein Wintermantel leisten mir um einiges länger Gesellschaft als der Großteil meines eigenen Körpers. Die Lippen, mit denen ich im letzten Jahr andere Lippen und andere Haut berührt habe, die Zellen in der Nase und auf der Zunge, mit denen ich vor drei Monaten Wein gekostet habe, die Knochen und Muskeln, mit denen ich vor zwanzig Jahren auf irgendwelche Berge gestiegen bin, habe ich alle schon längst nicht mehr bei mir. Aber ich habe immer noch dieselbe Großmutter. Der Zahnschmelz bleibt auch. (Mit Löchern.) Die Linse im Auge; und das Hirn. Alles andere zerfällt. Das kann einen gelassen machen, und zwar schlicht deswegen, weil man es nicht aufhalten kann.

Im Deutschen gibt es das schöne Wort »sich verkrümeln«, und die Dinge nehmen es wörtlich. Schöne Autos (die hässlichen auch), alte Fotos, unbestreitbare Tatsachen und Überzeugungen, Erinnerungen, menschliche Körper: Die Dinge zerfallen, einfach weil sie da sind. Nur Dinge, die es nie gegeben hat, gehen nicht kaputt. So ungefähr geht auch die Lektion von Wolfgang Herrndorfs Buch »Arbeit und Struktur«, in dem er seine Tumorerkrankung und die Vorgeschichte seines Selbstmords schildert.[15] Sterblichkeit, kann man daraus lernen, ist erst einmal die Bedingung für Würde, Schamlosigkeit und Spaß. Dass das Schreiben lustiger und berührender Texte eine mörderisch-egomanische Endlos-Mühe ist, kommt auch gut rüber.

Ich las es in einem Rutsch und konnte gar nicht mehr aufhö-

ren. Literatur als stimmungsaufhellende Droge, das hatte ich
schon lange nicht mehr. Das High, das das Buch ausgelöst hatte,
hielt ungefähr 48 Stunden an: Die heitere bittere Gelassenheit,
dass man sterben wird und dass ziemlich viel von dem ganzen
Alltagszeug absurd und sinnlos ist; dass es nur um die Freunde
geht, und um die Freude, und sonst um nichts. Na, und um
die Miete. Dann war dieses Gefühl leider wieder weg. Aber das
Durcheinander im Alltag um mich herum war immer noch da,
die komplette Unplanbarkeit der Zukunft nach der Pandemie.

Eines ist richtig am Selbstdarstellungsimperativ, ging mir
mit Herrndorf auf: Alles wird mehr und stärker, wenn man davon redet. Wenn man von der Lust spricht, wird sie dadurch
größer, und die Nähe zu den Freunden auch; genauso wie
Kränkung und Mangel. In dieser Hinsicht können wir alle zau-
bern, und das tun wir auch. Für all das gab es im Jahr 2020 / 21,
dem endlos langen Jahr der großen Disziplinierung der Empfindungen und der Wünsche durch die Pandemie, jede Menge
praktischer und etwas furchteinflößender Exempel.

Nach eineinhalb Jahren Ausnahmezustand fühlte sich die
Epidemie allerdings weniger unheimlich an als die manisch
beschleunigte Normalität von 2019, die sie so gründlich abgeschafft hatte – oder ist das schon meine eigene nachträgliche
Reparatur durch Erinnerung? Vorher war ich dauernd unterwegs gewesen, nicht immer klimaschonend. Jetzt waren die
Flughäfen still wie Zenklöster, und der Slogan auf dem Plakat
von Austrian Airlines, den ich an einem dunklen November-
nachmittag am Flughafen Wien las, kam mir sehr zutreffend
vor, nur anders als gemeint: »Servus never sounded better.« In
derselben Woche kündigte die Homepage einer renommierten
deutschen Wochenzeitung einen Artikel mit der Schlagzeile

an: »Die Deutschen werden immer dümmer. Exklusiv für unsere Abonnenten.« Zeitunglesen machte damals überhaupt keinen Spaß, aber ich musste ziemlich lachen.

Vergnügen und Glück, auch das konnte man im langen Pandemie-Jahr lernen, sind das unvorhergesehene Extra. Oder nüchterner beschrieben, sie sind ein kompliziertes Eiweißmolekül, das mein Körper produziert: Dopamin, besser als erwartet. Vergnügen und Glück haben sehr viel mit Überraschung zu tun, mit Dingen, von denen ich vorher nichts wusste und die ich mir deswegen auch gar nicht wünschen konnte. Es ist gar nicht so leicht, über dieses Glück und den eigenen glücklichen Übermut Auskunft zu geben. (Im Fall von schlechtem Gewissen, Depression und Schuld funktioniert das dagegen ziemlich gut.) Aber sture hierarchische Systeme hin oder her, diesen Zauber gibt es. Zauber ist Verwandlung durch Verunreinigung – immer. Etwas kommt dazu, unter Umständen, die ich nicht kontrollieren kann, und plötzlich ist alles anders, riecht, schmeckt, wirkt anders. Ist beim Arbeiten, Lieben und Kochen auch so.

Was Selbstauskunft so unwiderstehlich macht, sind nicht die persönlichen Details des Lebens der oder des anderen, die da vorgezeigt werden – so interessant deren Gewohnheiten, Inneneinrichtungen, Frisuren oder Trainingstipps auch sein mögen. Sondern etwas, das gewöhnlich unausgesprochen bleibt, nämlich die Frage nach dem guten Leben: nach dem, was man selbst daraus übernehmen kann. Die Frage nach dem guten Leben hat selber eine lange und philosophisch schwer bepackte Geschichte, aber das Interessanteste an ihr ist ihre Umsetzbarkeit in konkrete Handlungen. Was ist jetzt, in diesem Moment, das gute Leben? Aus dieser Perspektive waren die unerwarteten Umbrüche, die zusammen mit der neuen Krankheit meinen

Alltag umkrempelten, nicht nur furchteinflößend, sondern auch befreiend. Auf einmal sah Banalistan ganz anders aus. Was brauche ich? Was kann weg? Wo steckt die Chance auf das Neue?

Dieses gute Leben kann nicht dauernd vorgezeigt werden, sonst ist es keines. Wer für sich etwas Neues ausprobiert, kann nicht erklären, was er da tut und warum er es versucht. All die Verbote, Sperren und Kontrollen der verschiedenen, nicht immer vollständig überzeugend auftretenden staatlichen Verwaltungen hatten in dem langen Jahr 2020/21 den Alltag extrem kompliziert gemacht. Sie zwangen mich und alle anderen um mich herum zum fortgesetzten Improvisieren in Arbeit, Umgang und Liebe. Freiheit, stellte sich heraus, war in diesem Zustand erst einmal die Möglichkeit aufzuschieben, sich nicht zu entscheiden, nicht zu handeln, nicht zu müssen. Freiheit war aber auch die unerwartete Kombination, und so gesehen erzeugte der medizinische Ausnahmezustand erstaunlich viel Freiheit; wenn auch auf eine sehr persönliche (viel zu persönliche, eingeschränkte, zwangsprivatisierte) Weise.

Lektion? Wenn mir das Entkommen aus der Wiederholung gelingt, merke ich es erst einmal nicht. Das Leben ist dann einfach wieder interessant und lustig. Und ziemlich anstrengend. (Wiederholung entlastet.) Ein so riesenhaftes Hindernis wie der globale medizinische Ausnahmezustand machte das leichter, ironischerweise. Was wird anders, wenn ich einen Vorgang nicht als Erosion oder Zerfall auffasse, sondern als *kairos*, Lücke und Chance auf Verwandlung? Und noch etwas habe ich gelernt. Wer ein richtig gut funktionierendes Immunsystem hat, weiß nichts davon.

Dank

Ich hoffe, dass man diesem Buch seine Herkunft aus meinen unsystematischen Notizen und digitalen Komposthaufen nicht allzu sehr anmerkt. Vorarbeiten dazu haben mich sehr lange beschäftigt, Freundinnen und Freunde haben in unterschiedlichen Phasen Teile davon gelesen und kommentiert. Ihre Ratschläge und kritischen Anmerkungen habe ich versucht zu beherzigen; die Widersprüche und Fehler, die es weiterhin enthält, sind alle nur von mir.

Teile der Kapitel 1 und 6 wurden in knapperer Form als Radiobeiträge in der Reihe *SWR Essay* am 24. Februar und am 21. Dezember 2020 gesendet; eine erste kürzere Version von Kapitel 3 erschien im *wespennest* 178 (Mai 2020); Teile von Kapitel 4 sind unter dem Titel »Der Eisberg der Bilder« in der Zeitschrift *Fotogeschichte* 149 (2018) erschienen; eine kürzere Fassung von Kapitel 5 im *Merkur* 845 (Oktober 2019).

Für Unterstützung, Geduld, Hilfe und Hinweise ganz unterschiedlicher Art danken möchte ich Michael Blatter, Andreas Cremonini, Christian Demand, Monika Dommann, Peter Geimer, Constantin Groebner, Severin Groebner, Nils Güttler, Isabelle Haffter, Anton Holzer, Tanja Hommen, Felicitas Hoppe, Vaios Karavas, Susanna Kumschick, Sabrina Lisi, Michael Lissek, Matthias Noell, Gérard Personnier, Peter Pfrunder, Saskia und Susanna Ramminger, Monika Rinck, Andrea Roedig,

Viola Vahrson, Matthias Wittmann, Mark Wuest, C. V., G. Z. Her şey için teşekkür ederim, öptüm.

Anmerkungen

Wer?

1 Sigurdur Gylfi Magnusson und Istvan M. Szijarto (Hg.): What is Microhistory? London / New York 2013; Francesco Trivellato: Microstoria / Microhistoire / Microhistory, in: French Politics, Culture and Society 33 (2015), S. 122–134; Marco Belpoliti: Settanta, Turin 2010.

2 Identität ist kein brauchbarer analytischer Begriff, sondern ein vages Etikett mit komplexer Entstehungsgeschichte. Ich habe das an anderer Stelle ausführlich beschrieben – Valentin Groebner: Identität. Anmerkungen zu einem politischen Schlagwort, in: Zeitschrift für Ideengeschichte 12 (2018), Nr. 3, S. 109–115, und ders.: Der Glamour der Identität (7. März 2021), auf https://geschichte dergegenwart.ch/der-glamour-der-identitaet/.

3 Carlo Caduff: Warten auf die Pandemie. Geschichte einer Katastrophe, die nicht stattfand, Konstanz 2017.

4 Einen lesenswerten Reisebericht dorthin liefert Enis Maci: Götterdämmerung, in: dies., Eiscafé Europa, Frankfurt/M. 2018, S. 121–137.

5 Neil Price: The Children of Ash and Elm: A History of the Wikings, London 2020 (erscheint voraussichtlich im August 2022 auf Deutsch im S. Fischer Verlag); Gareth Williams, Peter Pentz und Matthias Werndorff (Hg.): Vikings. Life and Legend: British Museum 2019.

6 Ashot Margaryan, Daniel J. Lawson u. a.: Population genomics of

the Viking world, in: Nature 585 (September 2020), S. 390–396.
https://doi.org/10.1038/s41586-020-2688-8

7 Ed Yong: Immunology Is Where Intuition Goes to Die, in: Atlantic Monthly, 5. August 2020; https://www.theatlantic.com/health/archive/2020/08/covid-19-immunity-is-the-pandemics-central-mystery/614956/ (zuletzt aufgerufen am 17. November 2020)

8 Twain hatte große Teile seines Vermögens in eine neuartige Setzmaschine investiert, die sich als Fehlschlag erwies – John Lauber: The Inventions of Mark Twain: A Biography, New York 1990.

1. Ich-Sagen

1 Zur Geschichte der Beichte Karma Lochrie: Secret Operations. The Medieval Uses of Secrecy, Philadelphia 1999, und Roberto Jusconi: L'ordine dei peccati: la confessione tra medioeva ed età moderna, Bologna 2002; Junius (Pseudonym): Die Krise der Sozialdemokratie, Bern 1916, S. 4, wieder abgedruckt in: Rosa Luxemburg: Gesammelte Werke, Bd. 4, Berlin 2000, S. 51–164; Andreas Reckwitz: Die Gesellschaft der Singularitäten, Frankfurt/M. 2017, S. 9 f.

2 Michel de Montaigne: Essais, übersetzt von Hans Stilett, Frankfurt/M. 1998.

3 Lebhaft beschrieben etwa in der Autobiografie des Handwerksgesellen Augustin Günzer: »Kleines biechlin von meinem gantzen Leben«: Autobiografie eines Elsässer Kannengießergesellen aus dem 17. Jahrhundert, hg. von Fabian Brändle und Dominik Sieber, Köln 2002. Dazu John Martin: Inventing Sincerity, Refashioning Prudence, in: American Historical Review 102 (1997), S. 1309–1402, und Kaspar von Greyerz (Hg.): Selbstzeugnisse in der Frühen Neuzeit, Oldenbourg: München 2007.

4 Emily Butterworth: Censors and Censure: Robert Estienne and Michel de Montaigne, in: Maria José Vega u. a. (Hg.): Reading and

Censorship in Early Modern Europe, Barcelona 2010, S. 161–179; zum größeren Kontext Hubert Wolf: Index. Der Vatikan und die verbotenen Bücher, München 2007.

5 Samuel Pepys: *Die Tagebücher* 1660–1669, 10 Bde, Berlin 2010.

6 Vgl. Manfred Schneider: Liebe und Betrug, München 1996, S. 191. Wenn Ihre Neugierde geweckt ist, dann können Sie über Dr. Schnitzlers Liebesleben mehr herausfinden unter https://schnitzler-tagebuch.acdh.oeaw.ac.at.

7 Armin Nassehi: Muster. Theorie der digitalen Gesellschaft, München 2019, S. 137 f.

8 Über ihren Gründer Bernarr MacFadden siehe Jörg Scheller: Der Meister des Machsals, in: Elke Bippus, Jörg Huber und Roberto Niggli (Hg.): Ästhetik der Existenz, Zürich 2013, S. 261–281.

9 Bernd Stiegler: Reisender Stillstand. Eine kleine Geschichte der Reisen im und um das Zimmer herum, Frankfurt / M. 2010, S. 222.

10 Zu Instagram die knappe Darstellung bei Winfried Gerlin, Susanne Holschbach und Petra Löffler: Bilder verteilen. Fotografische Praktiken in der digitalen Kultur, Bielefeld 2018, S. 48–80; aktuelle Nutzerzahlen unter https://allfacebook.de/toll/state-of-facebook, aufgerufen am 2. Juli 2021.

11 Jill Walker Rettberg: Seeing Ourselves Through Technology, Palgrave Macmillian: Basingstoke 2014, S. 37.

12 https://www.eff.org/cyberspace-independence; Andrew Greenberg: It's Been 20 Years Since This Man Declared Cyberspace Independence, in: Wired, 2. August 2016, https://www.wired.com/2016/02/its-been-20-years-since-this-man-declared-cyberspace-independence/ abgerufen am 2. Juli 2021.).

13 Bernhard Dotzler: Die Schaltbarkeit der Welt. Hermann Hollerith und die Archäologie der Medien, in: ders. und Stefan Andriopoulos (Hg.): 1929. Beiträge zur Archäologie der Medien, Frankfurt / M. 2002, S. 288–315; David Gugerli: Wie die Welt in den Computer kam, Frankfurt / M. 2017, S. 14 ff.

14 Georg Franck: Mentaler Kapitalismus, in: Merkur. Zeitschrift für europäisches Denken, Jahrgang 57 (2003), S. 1–15.

15 Frank Zappa and the Mothers of Invention: I'm the Slime, Warner Brothers 1973. Das Lied findet sich auch auf dem Album »Overnite Sensation« aus demselben Jahr und auf der posthum erschienenen Kompilation »Strictly Commercial«. Einen aktuellen Überblick zu seiner Karriere und seinem politischen Engagement bieten die Beiträge bei Paul Carr (Hg.): Frank Zappa and the And, Farnham 2012.

16 Marcus Stauff: Der Konsum der Zuschauer, S. 69, in: Kai-Uwe Hellmann und Dominik Schrage (Hg.): Konsum der Werbung. Zur Produktion und Rezeption von Sinn in der kommerziellen Kultur, Wiesbaden 2004, S. 63–80.

17 David Gugerli: Suchmaschinen. Die Welt als Datenbank, Frankfurt/M. 2009, S. 19–36, zu den Bewerbungen S. 27.

18 John Lanchester: You Are the Product, in: London Review of Books 39 (17. August 2017), S. 3–10; Tim Wu: The Attention Merchants, New York 2016, S. 293–302; ähnlich Roberto Simanowski: Facebook-Gesellschaft, Berlin 2016, sowie ders. und Ramon Reichert: Sozialmaschine Facebook, Berlin 2019.

19 Die klassische und häufig zitierte Studie dazu ist von Justin Kruger und David Dunning: Unskilled and unaware of it: How difficulties in recognizing one's own incompetence lead to inflated self-assessments, in: Journal of Personality and Social Psychology 77 (1999), S. 1121–1134.

20 Thomas Gilovich: How We Know What Isn't so: The Fallibility of Human Reason in Everyday Life, New York 1991, S. 77; David Gilbert, Ins Glück stolpern, München 2008, S. 373–378; Renata Salecl: A Passion for Ignorance: What we choose not to know and why, Princeton 2020, S. 15 f.

2. Auftreten

1 Aus der umfangreichen Literatur dazu hier nur Harald Welzer: Das kommunikative Gedächtnis. Eine Theorie der Erinnerung, München 2002, und mit vielen Beispielen aus der experimentellen Forschung Gilbert, Glück, S. 83 f., 138–143, 165–175.

2 Douwe Draaisma: Halbe Wahrheiten, Berlin 2016, S. 103–105.

3 Gilbert, Glück, S. 135 und 195.

4 Draaisma, Wahrheiten, S. 145 ff.

5 Douwe Draaisma: Warum das Leben immer schneller vergeht, wenn man älter wird, Berlin 1999, S. 241.

6 Dietmar Dath und Swantje Karich: Lichtmächte, Berlin 2013, S. 234.

7 Wolfgang Ernst: Signale aus der Vergangenheit, München 2013, S. 46.

8 Thomas Pynchon, Bleeding Edge, Frankfurt / M. 2014, S. 18, 533, 549.

9 Jia Tolentino: Trick Mirror, Frankfurt / M. 2021, S. 21.

10 Ebd., S. 50.

11 Lee Vinsel: You're Doing in Wrong. Notes on Criticism and Technology Hype (1. Februar 2021), https://sts-news.medium.com/youre-doing-it-wrong-notes-on-criticism-and-technology-hype-18b08b4307e5. Vgl. die düsteren Prognosen von Tim Hwang: Subprime Attention Crisis: Advertising and the Time Bomb at the Heart of the Internet, New York 2020.

12 Alison Hearn und Stephanie Schoenhoff: From Celebrity to Influencer: Tracing the Diffusion of Celebrity Value Across the Media Stream, S. 203, in: David Marshall und Sean Redmond (Hg.): A Companion to Celebrity, Chichester 2016, S. 194–212.

13 Ebd., S. 205 und 207; Kathleen Kuehn und Thomas Corrigan: Hope Labour: The Role of Employment Prospects in Online Social Production, in: Political Economy of Communication 1

(2013), S. 9–25. »Die aufregende Performance meiner selbst«, hat Hans-Christian Dany geschrieben, »hat schon länger den penetranten Geruch von unbezahlter Lohnarbeit angenommen.« Ders.: Schneller als die Sonne. Aus dem rasenden Stillstand in eine unbekannte Zukunft, Nautilus: Hamburg 2015, S. 121.

14 Guillaume Paoli: Die lange Nacht der Metamorphose. Über die Gentrifizierung der Kultur, Berlin 2017, S. 82. Vgl. Diedrich Diederichsen: Über Pop-Musik, Köln 2014, S. 404, 425, 454.

15 Gilles Deleuze und Claire Parnet: Dialoge. Frankfurt/M. 2019, S. 64. Antonia von Schöning und Hanns Zischler: Neue Dialoge. Das ABC von Gilles Deleuze, in: Marc Rölli und Friedrich Balke (Hg.): Philosophie und Nicht-Philosophie: Gilles Deleuze, Bielefeld 2015, S. 197–208.

16 Alan Light: What Happened, Miss Simone? New York 2016, S. 161 f.

17 Franz Schuh: Fortuna, Wien 2017, S. 221.

18 Mehr dazu bei Anne Dufourmantelle: Lob des Risikos, Berlin 2018.

3. Heimatkunde

1 Zitiert nach Monika Rinck: Wir, Berlin 2015, S. 27.

2 Tristan Garcia: Wir, Berlin 2018, S. 11, 85, 123 ff.

3 Isabelle Haffter: Politik der ›Glückskulturen‹. NS-Deutschland und die Schweiz 1933–1945, Dissertation Universität Luzern 2020, S. 470–487.

4 Haffter, Glückskulturen, S. 97–110; Sascha Howind: Die Illusion eines guten Lebens. Kraft durch Freude und nationalsozialistische Sozialpropaganda, Frankfurt/M./Bern 2013, S. 84–92.

5 Werner Krause: Hendrik de Man, in: Neue Deutsche Biographie Bd. 16, Berlin 1990, S. 5.

6 Evelyn Barish: The Double Life of Paul de Man, New York 2014; Jacques Derrida: Mémoires. Für Paul de Man, Wien 1988.

7 Zur Geschichte der Kommission Simone Prodolliet: Vom Überfremdungsproblem zum Neuen Wir, in: terra cognita. Schweizer Zeitschrift zu Integration und Migration 36 (Herbst 2020), S. 44–47; Jan Plamper: Das neue Wir. Warum Migration dazugehört. Eine andere Geschichte der Deutschen, Frankfurt/M. 2019.

8 Garcia, Wir, S. 280.

9 Frederick Barth: Pathan Identity and its Maintenance, in ders. (Hg.): Ethnic Groups and Boundaries. The Social Organisation of Culture Difference, Bergen/Oslo 1969, S. 117–134.

10 https://www.svp.ch/partei/positionen/themen/sonderfall-schweiz/, aufgerufen am 2. Juli 2021.

11 Wendy Doniger: The Hindus. An Alternative History, London 2009, S. 48.

12 Thomas Petersen: Das denken die Deutschen über Heimat, in: Frankfurter Allgemeine Zeitung, 24. April 2018.

13 Stapferhaus Lenzburg (Hg.): Heimat. Eine Grenzerfahrung, Zürich 2017, S. 102 f. Durchgeführt hatte die Umfrage der Politgeograph Michael Herrmann, ebd., S. 112–116.

14 Ebd., S. 210–215.

15 Petersen, Heimat.

16 https://heimatkult.ch/de/hanfzigi, aufgerufen am 2.Juli 2021.

17 https://www.heimat-berlin.com/, aufgerufen am 2.Juli 2021.

18 Susanna Scharnowski: Heimat. Geschichte eines Missverständnisses. Darmstadt: wissenschaftliche buchgesellschaft, 2019, S. 20–23, und ausführlich Sylvia Kleeberg-Hörnlein: Der Mensch als Pilger vom irdischen Exil in die ewige Heimat, in: Amalia Barboza, Barbara Krug-Richter und Sigrid Ruby (Hg.): Heimat verhandeln? Köln 2020, S. 317–335.

19 Siehe etwa Karl Geiser: Geschichte des Armenwesens im Kanton Bern von der Reformation bis auf die neuere Zeit, Bern 1894; Stefan Jäggi: Arm sein in Luzern. Untersuchungen und Quellen zum Luzerner Armen- und Fürsorgewesen 1590–1593, Basel

2012; Thomas Meier und Rolf Wolfensberger: Eine Heimat und doch keine. Heimatlose und Nicht-Sesshafte in der Schweiz, 16. bis 19. Jahrhundert, Zürich 1998; André Holenstein, Patrick Kury und Kristina Schulz: Schweizer Migrationsgeschichte, Baden 2018.

20 Scharnowski, Heimat, S. 23, 27, 29.

21 Zitiert nach Scharnowski, ebd., S. 146.

22 Zur deutschen Auswanderung nicht nur in die USA, sondern auch nach Russland und Lateinamerika siehe Plamper, Wir, S. 27–38 und 40–49; Zitate nach Meier / Wolfensberger, Heimat, S. 83, und Scharnowski, Heimat, S. 41–44.

23 Scharnowski, Heimat S. 57, 75.

24 Scharnowski, Heimat, S. 63; Zum Papierverbrauch Günter Karl Bose: Ende einer Last, Göttingen 2013, jetzt erweitert in ders.: Elementum. Über Typografie, Bücher und Buchstaben, Göttingen 2020, S. 153–199.

25 Scharnowski, Heimat, S. 87.

26 Patrick Kury: »Der Wunsch nach Homogenität. Möglichkeiten und Grenzen einer schweizerischen Bevölkerungspolitik in der ersten Hälfte des 20. Jahrhunderts«, in: Historische Sozialforschung 31 (2006), S. 263–281. Regula Argast: Staatsbürgerschaft und Nation. Ausschließung und Integration 1848–1933, Göttingen 2007.

27 Gerhard Vincken: Zone Heimat. Altstadt im modernen Städtebau, München / Berlin 2010.

28 Mauro Cerutti: Mussolini bailleur de fonds des fascistes suisses, in: Schweizerische Zeitschrift für Geschichte 35 (1985), S. 21–46.

29 Scharnowski, Heimat, S. 12.

30 »Überhaupt, was ist an Selbstmitleid so schlecht? / Die Beine bequem überm Rand eines Kraters / sagte ich mir: ›Mitleid sollte / bei einem selbst beginnen.‹ Je mehr Mitleid / ich empfand, desto mehr war ich daheim.« Übersetzt von Steffen Popp. Elizabeth Bishop: Gedichte, München 2018, S. 128 und 182.

31 https://www.theguardian.com/politics/2021/jan/25/therese-cof
fey-covid-deaths-are-basically-uks-fault-for-being-old-and-fat?
Zuletzt aufgerufen am 2. Juli 2021.

4. Auf Klassenfahrt

1 Mehr dazu bei Hans-Christian Dany: MA-1. Mode und Uniform,
Hamburg 2018, S. 55.

2 Patrick Eiden-Offe: Der Prolet ist ein anderer. Klasse und Imaginä-
res heute, S. 18, in: Merkur 825 (Februar 2018), S. 15–30.

3 Zur Geschichte des Skisports in Österreich und der Schweiz
Andrew Denning: Skiing into Modernity, Oakland 2015. Von
den Anfängen bis zur Gegenwart, Sabine Dettling und Bernhard
Tschofen: Spuren. Skikultur am Arlberg, Bregenz 2014, und der
Ausstellungskatalog des Alpinen Museums der Schweiz: Schnee
von gestern, Zürich 2020.

4 Zur Entstehung dieser besonderen sozialen Spielregeln Philipp
Sarasin: Die Stadt der Bürger. Struktureller Wandel und bürgerli-
che Lebenswelt: Basel, 1870–1900, Basel 1990.

5 Reyhan Şahin aka Dr. Bitch Ray: Yalla, Feminismus! Stuttgart 2019,
S. 253 und 264.

6 Pulp: Common People, Island Records, London 1995.

7 Schön beschrieben bei Reckwitz, Gesellschaft, S. 317 ff.

5. Bilder aus der Vergangenheit

1 Daniela Horvath und Michael Martinek: Vintage Vienna: Die Bil-
der unserer Kindheit, Metroverlag: Wien 2013. Wegen des großen
Erfolgs erschienen zwei Fortsetzungsbände – »Sensationen des
Alltags« und »Zurück in die Zukunft«. Mittlerweile als https://

wearevintagevienna.tumblr.com/; https://www.facebook.com/Vin
tageVienna/ und https://www.instagram.com/vintage_vienna/

2 Fotobüro Bern (Hg.): Überblick über das fotografische Kulturerbe
in der Schweiz. Umfang, Zustand, Erschliessung und Bedeutung
fotografischer Bestände in öffentlich zugänglichen Institutionen,
im Auftrag von Memoriav, Bern 2014.

3 Nora Mathys: Das visuelle Erbe u. Ein Produkt des Zufalls oder der
Überlieferungsbildung? in Nora Mathys u. a. (Hg.): Über den Wert
der Fotografie. Wissenschaftliche Kriterien zur Bewahrung von
Fotosammlungen, Baden 2013, S. 91–103.

4 Hubertus von Amelunxen: Die aufgehobene Zeit. Die Erfindung
der Fotografie durch William Henry Fox Talbot, Berlin 1989; Bernd
Stiegler: Zeigen Fotografien Geschichte? In: Fotogeschichte 95
(2005), S. 3–14; ders.: Bilder Fotografie. Ein Album fotografischer
Metaphern, Frankfurt/M. 2006; Oliver Wendell Holmes: Spiegel
mit einem Gedächtnis, hg. von Michael C. Frank und Bernd Stiegler, München 2010.

5 Amelunxen, Zeit, S. 33; Peter Geimer: Bilder aus Versehen. Eine
Geschichte fotografischer Erscheinungen, Berlin 2010, S. 58; Ca-
rol Armstrong: Scenes in a Library. Reading the Photograph in the
Book, Cambridge / London 1989, S. 441.

6 Geimer, Bilder, S. 59.

7 Ann Blair: Too Much to Know. Managing Scholarly Informa-
tion before the Modern Age, New Haven / London 2011; Valentin
Groebner: Wissenschaftssprache digital. Die Zukunft von gestern,
Konstanz 2014, S. 42–65.

8 Mehr bei Patricia Bannos: Vivian Maier. A Photographer's Life and
Afterlife, Chicago / London 2017.

9 Günther Hack: Melancholie der Bilddatenbank, S. 41, in: Merkur 816, Mai 2017, S. 36–45.

10 Siehe Kapitel 2, S. 33-36.

11 Eine besonders eindrückliche Schilderung dieses Effekts hat die

Journalistin Elizabeth Pisani geliefert, Augenzeugin der Massaker auf dem Tian An Men-Platz 1989, die zwanzig Jahre danach ihre aktuellen Erinnerungen mit ihren damaligen Aufzeichnungen verglichen hat – Elizabeth Pisani: A Summer's Evening in Beijing, in: Granta 105 (2009), S. 20–34.

12 Mehr dazu bei Peter Pfrunder: Die Zukunft der Fotografie. Keine Angst vor der Bilderflut, in: Anton Holzer (Hg.): Die Zukunft der Fotografie. Fotogeschichte Nr. 158, Wien 2020, S. 54–55.

13 Zur Restaurierung von Plastikgegenständen, Nasspräparaten und Magnetbändern siehe etwa das 2007 gestartete Programm zur Konservierung und Restaurierung von mobilen Kunst- und Kulturgegenständen der Kulturstiftung des Bundes, http://www.kulturstiftung-des-bundes.de/cms/de/programme/restaurierung/archiv/kur__programm_zur_konservierung_und_restaurierung_von_mobilem_kulturgut_1.html (zuletzt aufgerufen am 2. Juli 2021); zum Holocaust-Mahnmal Thorsten Schmitz: Kaputt, in: Süddeutsche Zeitung, 22. Mai 2014.

14 Klassisch am Beispiel der Zeitschriftenbestände auf Holzpapier Nicholson Baker: Der Eckenknick, Reinbek 2005; zur Geschichte der Mikroverfilmungen Anthony Grafton: Codex in Crisis, in: ders., Worlds Made By Words. Scholarship and Community in the Modern West, Cambridge/Mass. 2009, S. 316–354, und Estelle Blaschke: Die Geschichte des Mikrofilms, in: Fotogeschichte 140 (2016), S. 40–49.

15 »Embarrasing is good« hat ein amerikanischer Ratgeber 2015 das Prinzip auf den Punkt gebracht. »Or horribly, horribly cute. (Again, it needs to be you.)« Lee Humphreys: The Qualified Self. Social Media and the Accounting of Everyday Life, Cambridge / Mass. / London 2018, S. 109–112.

16 François Jullien: Die stillen Wandungen, Berlin 2010, S. 9 und 13.

6. Unter die Haut

1 Günter Karl Bose: Typographic Man, in: ders.: Elementum. Über Typografie, Bücher und Buchstaben, Göttingen 2020, S. 221.

2 Stephan Oettermann: Zeichen auf der Haut. Die Geschichte der Tätowierung in Europa, Frankfurt/M. 1979, S. 70, 95 ff., S. 120.

3 Zu dem aufsehenerregenden Fall des Hochstaplers, der zuerst erfolgreich behauptete, der verschollene englische Millionenerbe Roger Tichborne zu sein, aber 1872 durch ein fehlendes Tattoo entlarvt wurde, siehe Rohan McWilliam: The Tichborne Claimant. A Victorian Sensation, London 2007; Rebecca Stern: Home Economics. Domestic Fraud in Victorian England, Columbus 2008, S. 19–49; zu Tattoos und polizeilicher Identifikation Roland Meyer: Operative Porträts. Eine Bildgeschichte der Identifizierbarkeit von Lavater bis Facebook, Konstanz 2019, S. 159–161.

4 Erhart Schüttpelz: Unter die Haut der Globalisierung. Veränderung der Kulturtechnik »Tätowieren« seit 1765, in: Tobias Nanz und Bernhard Siegert (Hg.): ex machina. Beiträge zur Geschichte der Kulturtechniken, Weimar 2006, S. 125 und 135.

5 Roger Willemsen, Momentum, Frankfurt/M. 2012, S. 236.

6 Hans-Christian Dany: MA-1: Mode und Uniform, Hamburg 2018, S. 11.

7 Jörg Scheller: Body-Bilder. Körperkultur, Digitalisierung und soziale Netzwerke, Berlin 2021, S. 30.

8 Diedrich Diederichsen, Körpertreffer. Zur Ästhetik der nachpopulären Künste, Berlin 2017, S. 96.

9 Diedrich Diederichsen: Der lange Weg nach Mitte, Köln 1999, S. 275–278.

10 Niels Penke und Matthias Schaffrick: Populäre Kulturen zu Einführung, Hamburg 2018, S. 135 f.

11 Viola Vahrson: 80064 kuratieren. Zu einem fragwürdigen Umgang mit Geschichte im Werk von Artur Zmijewski, in: dies. und Stefan

Krankenhagen (Hg.): Geschichte kuratieren. Kultur und kunst-
wissenschaftliche An-Ordnungen der Vergangenheit, Köln 2017,
S. 139–152.

12 Eine Person ohne Geld habe keine Würde, erklärte Sierra, und das
wolle er mit seiner Arbeit zeigen. Aber Sierras selbsterfundene
Gleichung soll vor allem das Ausbeutungsverhältnis seiner eigenen Arbeit rechtfertigen: Maggie Nelson: The Art of Cruelty, New
York 2011, S. 127 f.

13 Daniel Schreiber: Nüchtern. Über das Trinken und das Glück, Berlin 2014, S. 144.

14 James E. Montgomery (Hg.): Ahmad Ibn Fadlan: Mission to the
Volga, New York 2017, S. 32–39.

15 Paul-Henri Campbell: Tattoo & Religion: Die bunten Kathedralen
des Selbst, Berlin 2018, S. 181 und 48.

16 Ebd., S. 65, 21, 34.

17 Ebd., S 16, 41, 111 ff.

18 Ebd., S 149.

19 Ebd., S. 9.

20 Ebd., S. 186.

21 Nicolas Bouvier: Japanische Chronik, Basel 2002, S. 15 und S. 153.

7. Bescherung

1 Süddeutsche Zeitung vom 28. November 2014, S. 12.

2 Karl Meisen: Nikolauskulte und Nikolausbrauch im Abendlande,
Düsseldorf 1931 (Nachdruck Düsseldorf 1981); dazu Wilhelm Fie-
litz: Nikolauskulte und Nikolausbrauch im Abendlande von Karl
Meisen, in: Lares 68 (2002), S. 29–48.

3 Thomas Hauschild: Weihnachtsmann. Die wahre Geschichte,
Frankfurt/M 2012. Mit starkem Fokus auf deutsche Aspekte Karl-
Heinz Göttert: Weihnachten – Biographie eines Fests, Ditzin-

gen 2020; dazu kritisch Thomas Macho: Kulturgeschichte mit Scheuklappen, in: Frankfurter Allgemeine Zeitung, 23.12.2020. Zur ebenfalls eher komplizierten Geschichte des Weihnachtsbaums Wilhelm Bode: Tannen, Berlin 2020, S. 73–96.

4 Deutsche Kriegsweihnacht, hg. vom Hauptkulturamt in der Reichspropagandaleitung der NSDAP, München 1942, S. 103 f., wieder abgedruckt in Institut für Buchkunst Leipzig: Weihnachten. Erinnerungen an ein deutsches Fest, hg. von Günter Karl Bose, Leipzig 2017.

5 Matthias Dobrinski: Zerrissener Himmel, in: Süddeutsche Zeitung, 24.12.20, S. 4; Sebastian Herrmann: Dein Fest, mein Fest, unser Fest, ebd., S. 2; Daniel Deckers: Von guten Mächten, in: Frankfurter Allgemeine Zeitung, 24.12.20, S. 1. Auf die Paradoxa des Fests verweist allerdings auf der ersten Seite des Feuilletons in derselben Ausgabe Jürgen Kaube: Die eigentlich Beschenkten, S. 11.

6 Hauschild, Weihnachtsmann, S. 23.

7 In Don Drapers Worten: »You can't tell people what they want. It has to be what you want.« Das Gegenstück zum deutschen Slogan für die Haushaltsgeräte von Bauknecht lautete in Frankreich zur selben Zeit übrigens: »Moulinex befreit die Frau.«

8 Geoff Dyer: Die Zone. Ein Buch über einen Film über eine Reise zu einem Zimmer, München 2012.

9 Jorge Luis Borges: Der Unsterbliche, in: ders., Labyrinthe, München 1959, S. 16; Franz Kafka: Das zweite Oktavheft (1917); H. G. Wells: Der Unsichtbare, Zürich 1974; Norbert Wiener: Kybernetik, Reinbek 1968, S. 212; zitiert nach Libuse Monikova: Die Wunschtorte, in: Falter Nr. 16 (1985), S. 19.

10 Television Personalities: Three Wishes, Text: Daniel Treacy, erschienen auf dem Album »They Could Have Been Bigger Then the Beatles«, Universal Musik 1982.

11 Mehr dazu bei Diedrich Diederichsen: Eigenblutdoping, Köln 2008, S. 194.

12 Juri Andruchowitsch: Zwölf Ringe. Roman. Frankfurt/M., 2005,
S. 11.

13 Alice Behrends Roman ist 1998 neu aufgelegt worden; zu Mataja
siehe ders: Die Reklame. Eine Untersuchung über Ankündigungs-
wesen und Werbetätigkeit im Geschäftsleben, Wien 1910, und
ders.: Entwicklung der Reklame vom Altertum bis zur Gegenwart.
Erfolgreiche Mittel der Geschäfts-Personen und Ideenreklame aus
allen Zeiten und Ländern, Leipzig 1926.

14 Zur Bedeutungsverschiebung des »Profils« von der Polizeiarbeit
zur Selbstauskunft Andreas Bernard: Komplizen des Erkennungs-
diensts, Frankfurt/M. 2017, S. 10–46; zu den digitalen Partnerver-
mittlungen ebd., S. 21 f.

15 Das sehen auch Fachleute mit ganz anderer Ausbildung so. Wer
jemanden bedingungslos und in höchster Leidenschaft liebe,
schreibt der britische Psychoanalytiker Stephen Frosh, agiere damit auch die eigenen Wünsche aus, die vollständige Kontrolle zu
übernehmen und die Differenzen zum Anderen zu absorbieren
und auszulöschen – Stephen Frosh, Feelings, London 2011, S. 73.

16 Das funktioniert auch mit anderen Dingen, in deren Namen ich
auftrete und Forderungen stelle, je nach Libido und Kontext:
Mit dem Leiden des Herrn, dem Andenken der Mutter (oder des
Künstlers), der Sache der Frauen oder anderer Unterdrückter. Die
Aufgabe muss nur sehr, sehr groß sein.

17 In der Schweiz wird im Schnitt alle zwei Wochen eine Person in
diesem Kontext getötet. In vier von fünf Fällen ist sie weiblich. In
Deutschland, verlautbarte das Familienministerium im November
2020, werde an fast jedem dritten Tag eine Frau von ihrem Partner oder Expartner umgebracht – die Hälfte aller weiblichen Opfer
von Gewaltdelikten überhaupt. https://www.bundesregierung.de/
breg-de/aktuelles/partnerschaftsgewalt-1809976 (aufgerufen am
2. Juli 2021). Auch in Schweden, wo die Mordrate deutlich niedriger ist als in der Schweiz und der BRD, wird alle 30 Tage eine Frau

von ihrem Partner umgebracht – Hans Rosling: Factfulness, Berlin 2018, S. 165.

18 Campbell, Kathedralen, S. 7.

19 https://www.heise.de/newsticker/meldung/Warnung-ILOVEYOU-ist-ein-E-Mail-Wurm-19551.html; https://www.heise.de/newstick er/meldung/Vor-20-Jahren-Ein-verliebter-Wurm-umrundet-die-Welt-4713566.html (zuletzt aufgerufen am 2. Juli 2021).

20 The New Yorker, 1. November 2004; https://creativetime.org/pro grams/archive/2004/Holzer/NewYorker11_1color.jpg, zuletzt aufgerufen am 22. Dezember 2020.

21 Risa Mickenberg: Taxi Driver Wisdom, Chronicle Books: San Francisco 1996, S. 34.

22 Robert Louis Stevenson: Der Flaschenteufel, Hamburg 1926 (Neuauflage Ditzingen 1983).

23 Die Aufmacher sowohl der Süddeutschen wie der Frankfurter Allgemeinen Zeitung am 28. Dezember waren der Beginn der Kampagne für die Covid-19-Impfung und der gelungene Abschluss des Handelsvertrags zwischen Großbritannien und der EU.

8. Hinterher, jetzt

1 Max Nordau: Entartung, 2 Bde, Berlin: Duncker 1892, kommentierte Neuausgabe von Karin Tebben, Berlin / Boston 2013, S. 530 f.; Günter Karl Bose: Normalschrift, S. 75, in: ders.: Elementum. Über Typografie, Bücher und Buchstaben, Göttingen 2020, S. 73–99. Börries von Münchhausen setzte fort: »Und jetzt gar unsere deutsche Schrift, die altvertraute, die leicht lesbare, die wunderschöne Schrift!« Diese deutsche Schrift wurde 1941 per Führerbefehl verboten und durch Normalschrift ersetzt.

2 Kury (wie Kap. 3, Anm. 26), S. 266; Ulrich Herbert: Geschichte Deutschlands im 20. Jahrhundert, München 2014, S. 777.

3 Bose, Ende, S. 175 f.; Kathrin Passig: Standardsituationen der Technologiekritik, Berlin 2013. Zum Vergessen als Voraussetzung für wirksame Untergangsprophezeiungen dies.: Vielleicht ist das neu und erfreulich. Technik. Literatur. Kritik, Graz 2019.

4 Zwischen Februar 2020 und Februar 2021 hatte die neuartige Viruskrankheit zwei Millionen Todesopfer gefordert; das sind ebenso viele wie 2018 weltweit an Tuberkulose gestorben waren. Mehr bei Rowan Hooper: How To Spend A Trillion Dollars, London 2021.

5 Carolin Emcke: Journal. Tagebuch in Zeiten der Pandemie, Frankfurt/M. 2021, S. 19 und 61.

6 Ebd., S. 20, 34, 238, 241.

7 »Wie wenn kalte erfrorene Füße plötzlich in warmes Wasser getaucht werden und man zunächst nichts als Schmerz fühlt«, schreibt sie nach der Abwahl von Trump im November 2020, »als ob ich die Verzweiflung und Bitterkeit der vergangenen Jahre erst jetzt zulassen könnte.« Eine Seite weiter ist daraus die erste Person Plural geworden. »Welche Spuren hat diese Präsidentschaft hinterlassen in uns, die wir Trump medial zugeschaut und ihn begleitet haben?« Ebd., S. 247 und 248.

8 Klaus Heinrich: Versuch über die Schwierigkeit, nein zu sagen, Frankfurt / M. 1964 (Neuauflage 2002), S. 146.

9 Kenya Hara: 100 Whites, Zürich 2018, S. 105.

10 Diese Form der Nahgeschichte ist in Österreich, aber auch anderswo sehr beliebt. Zum Erinnerungsmanagement in diesem Milieu im Oberösterreich der Nachkriegszeit eindringlich Martin Pollack: Der Tote im Bunker. Bericht über meinen Vater, Wien 2004.

11 Mehr unter https://www.reddit.com/r/IAmA/comments/1kgmes/i_am_john_perry_barlow_cofounder_of_the/ (aufgerufen am 22. Dezember 2020) und Dennis McNally: Interviews with Bob Weir and John Perry Barlow, Hörbuch: University of California, Santa Cruz

Library 2010. Über Barlows Arbeit mit den »Grateful Dead« existiert umfangreiche, aber schwer überschaubare Literatur: Ulf Olsson: Listening for the Secret: The Grateful Dead and the Politics of Improvisation, Berkeley 2017.

12 Über die Querverbindungen zwischen Gegenkultur und Werbung klassisch Thomas Frank: The Conquest of Cool. Business Culture, Counterculture and the Rise of Hip Consumerism, Chicago 1997; spezifisch zu Barlow David Meerman Scott: Marketing Lessons from the Grateful Dead, Online Publishing 2010.

13 Benedikt Loderer: Urbanschweiz, Benzinschweiz, in: *Neue Zürcher Zeitung Folio*: »Mobilität«, Juni 2019, S. 13–18; Bernard, Komplizen (wie Kap. 7, Anm. 14), S. 82 f.

14 Colin Tudge: The Variety of Life, Oxford 2000.

15 Wolfgang Herrndorf: Arbeit und Struktur, Berlin 2013.